LES VRAIS PRINCIPES DE LA LECTURE, DE L'ORTOGRAPHE ET DE LA PRONONCIATION FRANÇAISE

de feu M. VIARD,

Revus & augmentés par M. LUNEAU DE BOIS-GERMAIN.

OUVRAGE utile aux Enfans, qu'il conduit par degrés de l'alphabet à la connoissance des regles & de la prononciation, de l'ortographe, de la ponctuation, de la grammaire & de la prosodie Française : principalement destiné aux Etrangers, auxquels on s'est proposé d'abréger l'étude de notre langue, & généralement adopté dans toutes les Ecoles de la France.

Nouvelle édition augmentée de plusieurs articles qui ne sont pas dans les précédentes.

A AVIGNON,
Chez FRANÇOIS CHAMBEAU, Imprimeur-Libraire.
1816.

INSTRUCTION

Pour les Personnes qui enseignent à lire.

On ne s'est pas assez appliqué jusqu'ici à faire connoître aux enfants ce que chaque lettre est en elle-même. La premiere attention que l'on doit avoir, c'est de déterminer le son propre à chaque lettre. On leur a donné ici une dénomination particuliere, afin de mieux faire sentir l'inflexion de voix que chaque lettre exige, & qui la distingue d'une autre lettre à laquelle elle seroit unie.

On a mis à côté de chaque consonne de l'alphabet romain, le son simple ou double qu'elle doit avoir.

La dénomination qu'on a donné aux consonnes n'est pas une nouveauté; elle est établie depuis long-temps par la Grammaire de Port-Royal, & par plusieurs autres bons ouvrages de ce genre.

Jusqu'ici, pour nommer les lettres F, H, L, M, N, R, S, X, on a fait dire aux enfants, *effe*, *hache*, *elle*, *eme*, *ene*, *ere*, *esse*; *ixe*. On a cru qu'il seroit mieux de mettre une voyelle à la suite de la consonne, & de faire prononcer *fe*, *he*, *le*, *me*, *re*, *se*, *kse ou gze*. Il est bien plus simple de ne faire entendre, après les lettres H, F, L, &c. qu'un *e* très-sourd, que de le faire précéder d'un *è* ouvert, qui laisse toujours subsister l'*e* sourd. Cette maniere de prononcer épargne le son de l'*è* ouvert, par où commence *effe*, *elle*, &c. On y gagne aussi le son de l'*i* dans *ixe*, & les sons de *ha* & de *che*, qui se trouvent dans *hache*, & qui n'ont aucun rapport avec le son de la lettre *h*, par-tout où elle est employée. Il est étonnant que le bon sens n'ait pas encore fait réformer l'ancienne maniere de dénommer les consonnes. Il est encore plus surprenant qu'on n'ait pas apperçu l'inconvénient de faire épeler les Enfans. Epeler, c'est, par exemple, pour prononcer le mot *bale*, faire dire *be*, *a*, *ba*; *elle*, *e*, *le*: *bale*. *Be*, *ê*, *bê*; *te*, *e*, *te*: *bête*.

Il suffit de réflechir sur le peu de rapport qu'il y a entre tous ces sons détachés

& le mot qu'ils forment, pour s'appercevoir que la méthode que l'on adopte ici est la seule bonne, & la seule qu'il faut préférer. Toute l'opération consiste à simplifier les sons.

Regle générale : les maîtres doivent faire attention de faire prononcer le *b*, dans l'alphabet, comme on le prononce dans la derniere syllabe du mot *tombe*; *il tombe*. Il faut aussi qu'ils fassent prononcer toutes les autres consonnes avec un *e* muet; & à la vue de la lettre D, C, &c. faire dire *de*, comme dans ron*de* & deman*de*, *ce*, comme dans ron*ce*, constan*ce*.

Pour ne point embarasser l'éleve qu'on instruit, il ne faut pas qu'on lui fasse lire rien de ce qui paroît mis pour instruire celui qui enseigne.

Il est encore essentiel d'avertir tout le monde de ne pas enjamber d'une page à l'autre, mais d'aller de leçon en leçon. Il est indispensable de faire répéter, à la fin de chaque semaine, ce qu'on a appris à l'enfant que l'on instruit.

ALPHABET EN CARACTERE ROMAIN.

Figure de la lettre.	*Nom de la lettre.*
a	
b	be
c	ce *ou* que
d	de
e	
f	fe
g	ge *ou* gue
h	h
i	
j	je
k	ke
l	le
m	me
n	ne
o	
p	pe
q	que
r	re
ſ. s	ſe *ou* ze
t	te ou ſi
u	
v	ve
x	kſe *ou* gze
y	i *ou* ye
z	ze

ALPHABET EN CARACTERE ITALIQUE.

Figure de la lettre.	*Nom de la lettre.*
a	
b	*be*
c	*ce* ou *que*
d	*de*
e	
f	*fe*
g	*ge* ou *gue*
h	*he*
i	
j	*je*
k	*ke*
l	*le*
m	*me*
n	*ne*
o	
p	*pe*
q	*que*
r	*re*
ſ.*s* . . .	*ſe* ou *ze*
t	*te* ou *ſi*
u	
v	*ve*
x	*kſe* ou *gze*
y	*i* ou *ye*
z	*ze*

ALPHABET EN LETTRES MAJUSCULES.

Figure de la lettre.	*Nom de la lettre.*
A.	
B.	BE
C.	CE *ou* QUE
D.	DE
E.	
F.	FE
G.	GE *ou* GUE
H.	HE
I.	
J.	JE
K.	KE
L.	LE
M.	ME
N.	NE
O.	
P.	PE
Q.	QUE
R.	RE
S.	SE *ou* ZE
T.	TE *ou* SI
U.	
V.	VE
X.	KSE *ou* GZE
Y.	I *ou* YE
Z.	ZE

INSTRUCTION

Pour les personnes qui enseignent à lire.

POUR s'assurer que l'éleve connoît bien son alphabet, faites-le lui dire renversé, mêlé de toutes les manieres possibles. Faites-lui toujours prononcer ou dénommer les consonnes comme elles sont marquées dans l'alphabet.

L'on doit remarquer, dans ces premieres leçons, que tout ce qui est discours & raisonnement, est fait pour le maître, & non pour l'éleve. On ne doit attacher le disciple qu'à ce qui est destiné aux leçons qui sont à sa portée.

Dites de vive voix à votre éleve : Les lettres se divisent en voyelles & en consonnes. Il y a cinq voyelles & dix-neuf consonnes. Les voyelles sont :

A. E. I., *ou* Y. O. U.

Les dix-neuf consonnes sont :

B. C. D F. G. H. J. K. L. M. N. P. Q. R. S. T. V. X. Z.

Consonnes & voyelles mêlées ensemble

c. d. b. g. h. a. m. n. o. p. q. e. r. s. t. v. u. x. z. i.
i. b. f. g. d. e. c. h. m. n. p. j. a. l. r. s. t. u. x. o. z.

Voyelles renversées.

ǝ. n. ɔ. ʎ. no ı. ɐ.

Alphabet renversé, en romain.

z. n. x. ʌ. n. ʇ. s. ſ. ɹ. b. d. o. u. ɯ. l. k. ɾ. ı.
ɥ. ƃ. ɟ. ǝ. p. ɔ. q. ɐ.

Alphabet mêlé, en romain.

p. k. n. r. m. e. d. u. j. l. g. f. z. q. b. h. s.
c. i. a. f. x. o. t. y. u. &.

Alphabet mêlé, en romain, en italique & en capitales.

j. b. a. z. r. x. h. g. n. ſ. c. s. P. U. I. D. O. T. E. Y. M. Q. L. F. V. H.

a. Z. b. *y.* c. X. d. *v.* e. V. f. *t.* g. S. *h.* r. i.
Q. j. P. k. o. *l.* n. M.

Alphabet en capitales, romain.

A. B. C. D. E. F. G. H. I. J. K. L. M. N.
O. P. Q. R. S. T. U. V. X. Y. Z.

Alphabet en romain, italique & capitales.

A. b. *c.* D. e. *f.* g. H. i. *j.* K. l. *m.* n. O. *p.*
q. R. *ſ.* s. *t.* u. v. *x.* y. *z.* &.

INSTRUCTION

Pour les Perſonnes qui enſeignent à lire.

DÈS que l'éleve diſtingue bien les lettres, il faut lui faire connoître les caracteres qui varient leurs intonations.

Les pages ſuivantes ſont deſtinées à donner une premiere idée des caracteres qu'on appelle *accents* ; des trois ſortes d'*e*, des deux *u v*, des deux *i j*, & des ſix conſonnes qui ont un ſon double. On a cru devoir mettre ce tableau ſous les yeux des maîtres & maîtreſſes, pour les avertir d'en donner aux enfants les premieres notions.

Pour apprendre à diſtinguer les accents, il ne faut montrer que la colonne où ils ſe trouvent marqués. Ce qui eſt placé à côté d'eux, eſt deſtiné à inſtruire la perſonne qui les enſeigne.

Il faut enſuite tâcher de faire entendre à l'éleve, que les différentes ſortes d'*e* viennent de ce que les accents dont ils ſont marqués, leur donnent une articulation plus ou moins prononcée, parce qu'on appuie plus ou moins ſur elle en les prononçant.

On a mis en marge des voyelles marquées d'un accent, des mots qui servent à déterminer la maniere dont le maître doit faire prononcer chaque voyelle. Pour le découvrir, il n'a qu'à prononcer les mots qui se trouvent dans les exemples.

Il faut faire remarquer que la même lettre se prononce différemment, dès qu'elle est marquée d'un accent aigu, grave, ou circonflexe ; & que cette prononciation est toute différente, lorsqu'il n'y a point d'accent.

Dites de vive voix à votre éleve, en lui montrant les accents : Il y a trois accents, l'accent aigu ´, l'accent grave `, & l'accent circonflexe ^.

L'accent aigu ´ est un caractere qui va de droite à gauche.

L'accent grave ` est un caractere qui va de gauche à droite.

L'accent circonflexe ^ est un caractere formé des deux autres accents réunis & adossés ; il se met sur les cinq voyelles lorsqu'elles se prononcent lentement, comme dans les mots *âge*, *bête*, *île*, *dôme*, *mûse*, &c.

Dites aussi à votre éleve, sans montrer autre chose que les caracteres rangés perpendiculairement les uns sur les autres, qu'il y a deux sortes d'*i*; l'*i* voyelle & l'*j* consonne.

i L'*i* voyelle se figure *i*, & se prononce *i*.

j L'*j* consonne se figure *j*, & se prononce *je*.

Il y a aussi deux sortes d'*u*; l'*u* voyelle & l'*v* consonne.

u L'*u* voyelle se figure *u*, & se prononce *u*.

v L'*v* consonne se figure *v*, & se prononce *ve*.

Les deux *j i* & les deux *u v* se trouvent dans le mot *juive*.

Faites remarquer qu'il y a trois sortes d'*e*; l'*e* muet, l'*é* fermé, l'*è* ouvert.

e L'*e* muet est l'*e* qui se prononce sourdement : c'est celui qui n'a point d'accent, comme on le peut voir dans les mots *lo-ge*, *prin-ce*, &c.

é L'*é* fermé est celui qui a un accent de droite à gauche ; *c'est l'accent aigu é*, comme dans les mots *san-té*, *bon-té*.

è L'*è* ouvert est celui qui a un accent de gauche à droite ; *c'est l'accent grave è*, comme dans les mots *accès*, *procès*, *abscès*, &c.

En montrant à votre éleve les lettres *e*, *é*, *è*, *ê*, faites prononcer :

e L'*e* muet, comme dans la derniere syllabe du mot *pere*.

é L'*é* fermé, comme dans la derniere syllabe des mots *pa-ré*, *pa-vé*.

è L'*è* ouvert, comme dans le mot *très*.

ê L'*ê* marqué d'un accent circonflexe, comme dans la premiere syllabe des mots *bê-te*, *tête*.

o L'*o* comme dans la premiere syllabe du mot *to-me*.

ô L'*ô* marqué d'un accent circonflexe, comme dans la premiere syllabe du mot *dô-me*.

a L'*a* comme dans la premiere syllabe du mot *ta-ble*.

â L'*â* marqué d'un accent circonflexe, comme dans la premiere syllabe du mot *pâ-te*.

i L'*i* comme dans la premiere syllabe du mot *hi-ver*.

î L'*î* marqué d'un accent circonflexe, comme dans la premiere syllabe du mot *fî-le*.

u L'*u* comme dans la premiere syllabe du mot *tu-be*.

û L'*û* marqué d'un accent circonflexe, comme dans la premiere syllabe du mot *mûse*.

Apprenez aussi à votre éleve qu'il y a six consonnes qui ont un son double ; ce sont,

c. g. h. f. t. x.

c se prononce *ſe*, *ſſ*, devant *e*, *i*; *Ciceron*.

c ſe prononce *ka*, *ko*, *ku*, devant *a*, *o*, *u*, *cave*, *côté*, *cure*.

g ſe prononce *je*, *ji*, devant *e*, *i* *genou*, *gibier*.

g ſe prononce *ga*, *go*, *gu*, devant *a*, *o*, *u*; *gâteau*; *goſier*, *guenon*.

g ſe prononce *g* & *j* dans le mot *gage*.

h ſe prononce *hâ*, *hé*, *hi*, *ho*, *hù*, dans *hâte*, *hêtre*, *hibou*, *hotte*, *hûre*; alors on l'appelle *h* aſpirée.

h ne ſe prononce point du tout dans *habit*, *Hélene*, *hiver*, *hôte*, *huit*; alors on l'appelle *h* non aſpirée.

ſ ſe prononce *ſa*, *ſe*, *ſi*, *ſo*, *ſu*, au commencement des mots *ſale*, *ſeve*, *ſire*, *ſole*, *ſuite*.

ſ ſe prononce *z*, entre deux voyelles, *caſe*, *léſé*, *biſe*, *doſe*, *ruſe*, &c.

t ſe prononce *ti*, au commencement des mots *tige*, *tigre*, *tiſon*, &c.

t ſe prononce *ſi*, dans *abbatial*, *ambitieux*, *ambition*, *captieux*, &c.

x ſe prononce *kſe*, dans *Alexandre*, *Alexis*.

x ſe prononce *gz*, dans *examen*, *exaucer*, *exemple*.

INSTRUCTION

Pour les Perſonnes qui enſeignent à lire.

L'ÉLEVE connoiſſant bien exactement les conſonnes, les différentes articulations que leur donnent les voyelles *a*, *e*, *i*, *o*, *u*; & celles que les voyelles empruntent des accents, il faut lui faire lire de ſuite la table où toutes les conſonnes ſont unies avec toutes les voyelles. Elle commence par *ba*, *be*, *bé*, *bè*, &c. Il faut lui faire lire d'abord chaque ligne horiſontalement, c'eſt-à-dire *ba*, *be*, *bé*, *bè*, *bi*, *bo*, *bu*; paſſer enſuite à la ſeconde colonne : obſerver ſur-tout de ne le point faire épeler en l'aidant à prononcer les ſons & les ſyllabes : ainſi il ne faut pas lui faire dire *be*, *a*, *ba*; *be*, *e*, *be*; *be*, *o*, *bo*; mais tout d'un coup *ba*, *be*, *bi*, *bo* : L'avantage de cette méthode eſt de faire connoître que les conſonnes ont toujours beſoin d'une voyelle pour être articulées, que *b* devant *a* s'appelle *ba*; *b* devant *o* s'appelle *bo*, &c.

Sons formés d'une consonne & d'une voyelle.

Ba	be	bé	bè	bi	bo	bu
ca	ce	cé	cè	ci	co	cu
da	de	dé	dè	di	do	du
fa	fe	fé	fè	fi	fo	fu

---

ga	ge	gé	gè	gi	go	gu
ha	he	hé	hè	hi	ho	hu
ja	je	jé	jè	ji	jo	ju
la	le	lé	lè	li	lo	lu

---

ma	me	mé	mè	mi	mo	mu
na	ne	né	nè	ni	no	nu
pa	pe	pé	pè	pi	po	pu
qua	que	qué	què	qui	quo	quu

---

ra	re	ré	rè	ri	ro	ru
ſa	ſe	ſé	ſè	ſi	ſo	ſu
ta	te	té	tè	ti	to	tu
va	ve	vé	vè	vi	vo	vu

---

xa	xe	xé	xè	xi	xo	xu
ya	ye	yé	yè	yi	yo	yu
za	ze	zé	zè	zi	zo	zu

INSTRUCTION

Pour les perſonnes qui enſeignent à lire.

DÈS que l'éleve connoît bien les ſons différents qui réſultent de l'union de toutes les voyelles avec les conſonnes, il faut s'attacher à lui faire lire le tableau alphabétique des mots de deux ſyllabes : on s'eſt attaché à n'y mettre que des ſons qui ſe trouvent dans le tableau, et qui ſont formés d'une conſonne & d'une voyelle.

Il faut ſuivre le même procédé aux pages 20 & 21 ; ces deux pages préſentent une double nouveauté, en ce que, premiérement, la voyelle qui, à la page 17, ſe trouve après la conſonne *b*, &c. ſe trouve ici avant cette même conſonne *b* ; ſecondement, en ce que les mots de la vingt-unieme page, formés des ſons de la vingtieme, ſont de trois ſyllabes.

Les pages 22 & 23 préſentent deux tables de mots de quatre ſyllabes. La premiere ſyllabe de chaque colonne commence par l'une des cinq voyelles, miſes tantôt après la conſonne, & tantôt avant la même conſonne, autant qu'il a été poſſible de le faire.

Mots de deux ſyllabes formés des mêmes ſons.

Ba le	bê te	bî ſe		bu te
ca ve	cê ne	ci re	cô ne	cu ve
da me	de mi	dî me	dô me	du pe
fa ce	fê lé	fî le	fo ré	fu té

---

ga ge	gê ne	gî te	go be	gu é
hâ le	hè re	hi re	hô te	hù re
Ja va	Je ſu		jo li	ju ge
la ve	le ve	li me	lo ge	lu ne

---

mâ le	mè re	mi ne	mo de	mu le
na pe		Ni ce	nò ce	nu e
Pa pe	pè re	pi pe	pò le	pu ce
qua ſi	quê te	Qui to	quô te	

---

ra ve	rê ve	ri me	ro be	ru ſe
ſa le	ſê ve	ſi re	ſo le	Su ze
ta xe	tê te	ti ge	to me	tu be
va ſe	vé lu	vi ce	vo lé	vû e

Sons formés d'une voyelle & d'une conſonne

Ab	eb	éb	èb	ib	ob	ub
ac	ec	éc	èc	ic	oc	uc
ad	ed	éd	èd	id	od	ud
af	ef	éf	èf	if	of	uf

---

ag	eg	ég	èg	ig	og	ug
al	el	él	èl	il	ol	ul
am	em	ém	èm	im	om	um
an	en	én	èn	in	on	un

---

ap	ep	ép	èp	ip	op	up
aq	eq	éq	èq	iq	oq	uq
ar	er	ér	èr	ir	or	ur
aſ	eſ	éſ	èſ	iſ	oſ	uſ

---

at	et	ét	èt	it	ot	ut
av	ev	év	èv	iv	ov	uv
ax	ex	éx	èx	ix	ox	ux
az	ez	éz	èz	iz	oz	uz

Mots de trois ſyllabes, formés des mêmes ſons.

A bat tu	é bè ne	o bo le
ac cu ſé	é co le	oc cu pé
ad mi ré	E di le	i do le
af fu té	ef fa cé	of fi ce

---

a ga cé	é ga ré	i gn ée
al lu re	é lo ge	o li ve
am bi gu	em bal lé	i ma ge
an nu el	en ne mi	in vi té

---

ap pel lé	é pi lé	o pé ra
a qua ti que	é qui no xe	
ar rê té	er ro né	ir ri té
aſ ſi du	eſ ti mé	Iſ ma ël

At ta le	é to fe	u ti le
a va re	é vi té	o va le
a xi o me	ex ta ſe	I xi on
A zi me	O zé e	O zi as

Mots, la plupart de quatre ſyllabes, formés des ſons précédens.

Ba di na ge
ca pi ta le
ac ti vi té
da ri o le
ad di ti on
fa ci li té
af fi na ge
Ga ni mè de
ha bi tu de
la ti tu de
al li an ce
ma gi ci en
A ma zô ne
na ti vi té
a né an ti
pa ci fi que
a pa na ge
ra ta ti né
ar ti fi ce
ſa ga ci té
aſ ſo ci é
ta ni è re
at ti tu de
va ca ti on
a va ri ce
ex a gô ne

B éné fi ce
cé lé ri té
é co li er
dé fi gu ré
é di fi ce
fé li ci té
ef fi ca ce
gé né ra le
hé ro ï que
lé gè re té
el lé bo re
mé de ci ne
é mé ti que
né ga ti ve
en ne mi e
pé lé ri ne
é pi ſo de
ré vo lu ti on
er ro né
ſé cu ri té
e xé cu té
Eſ cu la pe
té mé ri té
é ta la ge
Vé ro ni que
é va po ré

Bi ga ra de
ci vi li té
ic té ri que
di vi ni té
I du mé en
fi dé li té
I phi gé nie
gi be ci è re
Hi po li te
li mo na de
il lu ſi on
mi né ra le
im mé di at
Ni co la ï
in dé fi ni
py ra mi de
i pi ca cu a na
ri di cu le
i ro ni e
ſi mo ni e
Iſ ſa char
ti mi di té
I ta li e
vi va ci té
I vi ce
é xi lé

Mots, la plupart de quatre ſyllabes, formés des ſons précédens.

bo ta ni que	bu co li que
co mé di en	cu pi di té
oc ca ſi on	oc to gô ne
do ci li té	du pe rie
o di eu ſe	fri pe ri e
fol li cu le	fa ci li té
of fi ci al	fu ti li té
go ſi er	gu tu ra le
hon nê te té	hu mi li té
lo gi ci en	lu na ti que
o li vi er	ul cè re
mo no po le	mu tu el le
om bra ge	om bi lic
no va ti on	nu mé ra le
on da ti on	u na ni me
po li gô ne	pu ri fi é
o pi ni on	pé tri fi é
ro tu ri er	ru ba ni er
or tho do xe	ur ba ni té
ſo li tu de	ſu jé ti on
o ſi er	u ſu ri er
to pi que	tu li pe
ot to ma ne	u té ri ne
vo la ti le	vul ga te
o va ti on	hu ma ni té
Ex o de	ex hu mé

INSTRUCTION

Pour les personnes qui enseignent à lire.

IL y a des mots qui commencent par deux consonnes ; on a réuni sous un même coup-d'œil les combinaisons différentes qu'elles peuvent former. La colonne qui les renferme est une des plus essentielles de cette méthode.

En prononçant les sons *ble*, *bre*, &c. il faut avoir soin de ne pas faire épeler. Au lieu de faire dire à l'enfant, *be*, *elle*, *be*, *ere*, *bre*, il faut lui faire prononcer tout de suite & sans épeler, *ble*, *bre*, comme on prononce la derniere syllabe des mots, *sabre*, *table*.

Les pages 28, 29, 30, 31, sont composées de mots & de sons formés de plusieurs consonnes et de simples voyelles. Un enfant n'aura pas grande difficulté à les prononcer, lorsqu'il aura été bien exercé sur les pages 25, 26 & 27; il faut, pour cela, lui faire prononcer exactement chaque son, sans en décomposer les lettres, en suivant l'ordre des cinq voyelles; & ensuite perpendiculairement, c'est-à-dire, en faisant parcourir chaque colonne de haut en bas & de bas en haut.

Sons formés de deux consonnes & d'une voyelle.

Bla	Ble	Bli	Blo	blu
bra	bre	bri	bro	bru
cha	che	chi	cho	chu
chra	chre	chri	chro	chru
cla	cle	cli	clo	clu
cra	cre	cri	cro	cru
dra	dre	dri	dro	dru
fla	fle	fli	flo	flu
fra	fre	fri	fro	fru
phra	phre	phri		
pha	phe	phi	pho	phu
phla	phle	phli	phlo	phlu
gla	gle	gli	glo	glu
gna	gne	gni	gno	gnu
gra	gre	gri	gro	gru
pla	ple	pli	plo	plu
pra	pre	pri	pro	pru
rha	rhe	rhi	rho	rhu
ſça	ſçe	ſçi		
ſca			ſco	ſcu
ſpa	ſpe	ſpi	ſpo	ſpu
ſta	ſte	ſti	ſto	ſtu
tha	the	thi	tho	thu
thra	thre	thri	thro	
tra	tre	tri	tro	tru
vra	vre	vri	vro	

Sons formés des mêmes deux consonnes & d'une voyelle dans un ordre renversé.

Vra	vre	vri	vro	
tra	tre	tri	tro	tru
thra	thre	thri	thro	
tha	the	thi	tho	thu
ſta	ſte	ſti	ſto	ſtu
ſpa	ſpe	ſpi	ſpo	ſpu
ſca			ſco	ſcu
ſça	ſçe	ſçi		
rha	rhe	rhi	rho	rhu
pra	pre	pri	pro	pru
pla	ple	pli	plo	plu
gra	gre	gri	gro	gru
gna	gne	gni	gno	gnu
gla	gle	gli	glo	glu
phla	phle	phli	phlo	phlu
pha	phe	phi	pho	phu
phra	phre	phri		
fra	fre	fri	fro	fru
fla	fle	fli	flo	flu
dra	dre	dri	dro	dru
cra	cre	cri	cro	cru
cla	cle	cli	clo	clu
chra	chre	chri	chro	chru
cha	che	chi	cho	chu
bra	bre	bri	bro	bru
bla	ble	bli	blo	blu

Sons formés des deux mêmes consonnes & d'une voyelle.

Tha	the	thi	tho	thu
gla	gle	gli	glo	glu
dra	dre	dri	dro	dru
bla	blé	bli	blo	blu
ſca			ſco	ſcu
gra	gre	gri	gro	gru
ſta	ſté	ſti	ſto	ſtu
pla	ple	pli	plo	plu
fla	flé	fli	flo	flu
chra	chre	chri	chro	chru
rha	rhe	rhi	rho	rhu
tra	tre	tri	thro	tru
pra	pre	pri	pro	pru
cha	che	chi	cho	chu
phra	phre	phri		
pha	phe	phi	pho	phu
cla	cle	cli	clo	clu
vra	vre	vri	vro	
thra	thre	thri	thro	
ſpa	ſpe	ſpi	ſpo	ſpu
ſça	ſçe	ſçi		
gna	gne	gni	gno	gnu
phla	phle	phli	phlo	phlu
fra	fre	fri	fro	fru
cra	cre	cri	cro	cru
bra	bre	bri	bro	bru

Mots de différentes ſyllabes composés des ſons précédens.

bl â me	bl ê me
br a ve	br è ve
ch af ſe	ch ê ne
Chr am ne	Chr è me
cl a vi er	clé men ce
cr a be	cr ê che
dr a pé	dr eſ ſé
fl a té	fl ê che
fr a cas	fr è re
phr a ſe	phr é né ſi e
gl a ce	gl è be
I gn a ce	A gn ès
gr a pe	gr ê le
ph a re	ph é nix
phl é bo to mi e	phl eg ma ti que
pl a ce	pl é ni er
pr a ti que	pr ê tre
rh a bil lé	rh é teur
ſç a vant	ſc è ne
Sc a ron	Sca man dre
ſp a dil le	ſp é ci fi que
ſt a de	St é tin
th a li e	th ê me
Thr a ce	tr é ſor
tr a pe	tr è ve
i vr e	I vr i

Mots de différentes ſyllabes, composés des ſons précédens.

bl in de	bl o qué	bl u te
br i ſé	br o dé	br u ne
ch i le	ch o ſe	ch û te
Chr i ſti ne	chr o ni que	chr u dim
Cl i mè ne	cl o che	Cl u ni
cr i me	cr o che	cr u che
dr i a de	dr ô le	Dr u ï de
fl i pot	fl o re	fl û te
fr i ſé	fr o té	fr u gal
Phr i gi e		
gl iſ ſa de	gl o be	gl u ant
di gni té	i gn o ré	ro gn u re
gr i ve	gr o te	gr u ri e
ph y ſi·que	ph oſ pho re	
Pl i ne	pl om bé	pl u me
pr i me	pr ô ne	pr u ne
Rh in	Rh ô ne	rh u me
Si am	ſc iſ ſi on	ſc i u re
Sc ot	ſc or pi on	Sc u de ri
ſp i ra le	ſp on dé e	
ſt y le	ſt o rax	ſt u pi de
th im	Th o mas	Thu ci di de
	thr ô ne	
Tr i po li	tr o pe	tr u ſe
	i vro gne	
	tro gne	

bl an ch ir	bl eſ ſu re	bl in da ge
br aſ ſe ri e	br eſ ſe	br im ba le
ch ar ni er	Ch er ſo nè ſe	ch if fo né
cl aſ ſi que	cl er gé	cl iſ tè re
cr am po né	cr eſ ſe le	cr iſ ta lin
dr ag me	Dr eſ de	dr il le
fl a te ri e	fl eu ret te	fl ic fl ac
fr an ch ir	fré qu en ce	fr ic ti on
gl an du le	gl et te	gl iſ ſa de
i gn a re	in di gne	di gni té
gr aſ ſé yer	Gre na de	gr i ot te
ph an tô me	Ph é ni ci e	ph il tre
pl ai do yer	pl é ni tu de	pl iſ ſu re
pr ag ma tique	pr en dre	pr in ci pa le
Rha da mante	rh é to ri que	rhi no cé ros
ſc an da le	ſc è ne	ſç i a ge
ſp a tu le	ſp ec ta cle	ſp i ri tu el
ſt an ce	ſt er lin	ſt ig ma tes
tr an quil le	tr en ti è me	tr iſ teſ ſe

bl on di ne	bl u et te
br on sé	br us que ri e
ch o co lat	ch û te
cl o ch et te	Cl u ni ste
cr os se	cr u ci fix
dr o gue	Dr u ï de
fl o ta ge	fl u xi on
fr on de	fr us tré
gl o bu le	glu ti na tif
i gn o ré	ro gn u re
gr os se	gr u ri e
ph os pho re	ph y si que
pl on ge on	pl u ma ge
pr os cr it	pr u den ce
rho do mon ta de	rhu ma tis me
sc or pi on	Sc u dé ri
sp on ta né	sp u mo si té
sto ma cal	st u pi di té
tr om pe ri e	tr u ï te

INSTRUCTION

Pour les Perſonnes qui enſeignent à lire.

SI les conſonnes empruntent des voyelles des ſons différents, les voyelles unies les unes aux autres, forment avec les conſonnes dont elles ſont ſuivies, des ſons infiniment variés, ſur leſquels il eſt important de fixer l'attention des jeunes perſonnes. Les tables ſuivantes offrent un grand nombre de ſons tout formés de l'union de pluſieurs voyelles. Afin de ſauver aux perſonnes qui inſtruiſent, l'embarras de les articuler avec netteté, on a mis, à côté de chaque ſon, des mots dans leſquels ſont employés les ſons qu'on doit faire prononcer à un enfant.

Il faut faire remarquer aux éleves les articulations différentes que donnent aux voyelles, les deux points qu'elles portent en tête, comme dans *laïc*, *aëré*, &c.

Voyelles unies à d'autres voyelles, ou placées à leur ſuite, & formant avec les conſonnes ou les voyelles dont elles ſont ſuivies, une ou pluſieurs ſyllabes.

On prononce	comme dans	On prononce	comme dans
Aë	*aë* ré	aoux	Chi *aoux*
æa	*Æa* que	au	P *au*
aen	C aën	aüs	Em *aüs*
ai	bal *ai*	aud	ch *aud*
aî	f *aî* tiere	aul	P *aul*
aï	l *aï* c	aulx	f *aulx*
aie	h *ai* e	aoul	f *aoul*
aient	p *aient*	aur	M *aur*
aïeul	biſ *aïeul*	aut	f *aut*
aïde	Adél *aïde*	aux	ch *aux*
ail	b *ail*	ay	C *ay* lus
aille	can *aille*	aya	attr *aya* nt
aim	eſſ *aim*	ayé	r *ayé*
ain	p *ain*	ayen	Biſc *ayen*
ains	m *ains*	ayer	bég *ayer*
aint	cr *aint*	ayeux	B *ayeux*
air	ch *air*	ayon	cr *ayon*
aire	capill *aire*	ayonne	B *ayonne*
ais	d *ais*	ea	mang *ea*
aïs	m *aïs*	ean	J *ean*
ait	f *ait*	eant	afflig *eant*
aix	p*aix*	éal	bor *éal*
ao	cac *ao*	éar	B*éar* nois

On prononce	comme dans	On prononce	comme dans
aon	p *aon*	éat	b *éat*
Août	A *oût*	eau	gât *eau*
eaux	moin *eaux*	iable	chât *iable*
ée	nu *ée*	iade	Dr *iade*
éen	Idum *éen*	ia	mar *ia* ge
ées	ach *ées*	ial	offic *ial*
éïa	pl *éïa* de	iam	S *iam*
éide	Nér *éide*	ian	all *ian* ce
eil	ort *eil*	iand	fr *iand*
eille	bout *eille*	iard	l *iard*
éïen	pléb *eïen*	ias	Oſ *ias*
eim	Ben *heim*	iat	op *iat*
ein	fr *ein*	iâtre	opin *iâtre*
eindre	f *eindre*	iau	fabl *iau*
eint	p *eint*	iaux	beſt *iaux*
eing	f *eing*	ie	p *ie*
eïo	Ang *éïo* logie	iée	mar *iée*
eoir	aſſ *eoir*	iel	mi *el*
eois	bour *geois*	ieme	trent *ieme*
éole	alvé *ole*	ien	magic *ien*
eon	pig *eon*	ieux	Br *ieux*
eot	mig *eot* er	ient	t *ient*
eu	bl *eu*	ier	chart *ier*
euf	be *uf*	iere	tan *iere*
eufs	ne *ufs*	iers	f *iers*
euil	d *euil*	iette	d *iette*
euille	f *euille*	ieu	l *ieu*

On prononce	comme dans	On prononce	comme dans
eur	p *eur*	ieue	banl *ieue*
eut	p *eut*	ieux	p *ieux*
eux	d *eux*	io	cl *io*
ey	Bug *ey*	iole	bab *iole*
iu	Ab *iu*	oui	réj *oui*
ya	Dr *ya* de	ouie	*ouie*
yen	Ca *yen* ne	ouin	bab *ouin*
yer	plaido *yer*	ouil	b *ouil* li
yon	Ba *yon* nois	ouille	citr *ouille*
oa	c *oa* guler	ouir	évan *ouir*
oard	béz *oard*	oüis	b.*ouis*
œil	*œuil*	oul	Capit *oul*
œufs	*œufs*	oup	c *oup*
œur	ſ *œur*	our	am *our*
œu	*œuvre*	ourd	l *ourd*
oé	c *oé* ternel	ourde	l *ourde*
oë	c *oë* ffe	ours	j *ours*
oi	effr *oi*	oux	courr *oux*
oî	cr *oî* tre	ouſt	ac*ouſt*ique
oï	M *oï* ſe	ua	alg *ua* ſil
oie	j *oie*	uan	Dom J*uan*
oo	c *oo* pérateur	uant	pu *ant*
ou	f *ou*	uau	cr *uau* té
ouac	biv *ouac*	üe	barb *üe*
ouade	eſc *ouade*	uée	n *uée*
ouage	br *ouage*	uer	arg *uer*
oud	c *oud* e	uet	m *uet*

On prononce	comme dans	On prononce	comme dans
oue	Cord *oue*	uette	l *uette*
oué	d *oué*	ueux	anfract *ueux*
ouer	av *ouer*	ui	app *ui*
ouet	j *ouet*	uïde	Dr *uïde*
ouette	ch *ouette*	uids	m *uids*
oug	j *oug*	uie	pl *uie*
uif	ſ *uif*	uits	fr *uits*
uifs	J *uifs*	uivre	c *uivre*
uin	J *uin*	uüm	d *uüm* vir
uil	c *uil* lere	uyer	app *uyer*
uille	aig *uille*	ynx	l *ynx*
uir	f *uir*	ya	bo *ya* rd
uire	c *uire*	yau	alo *yau*
uis	Pert *uis*	yen	do *yen*
uiſſ	b *uiſſ* on	ye	courro *ye*
uiſt	c *uiſt* re	yer	coudo *yer*
uit	br *uit*	yeur	gibo *yeur*
uite	tr *uite*	yeux	jo *yeux*

INSTRUCTION

Pour les personnes qui enseignent à lire.

LES pages 38, 39, 40 & 41 présentent une suite de mots monosyllabes, suivant l'ordre alphabétique : on y en a fait entrer le plus qu'il a été possible, sans trop s'attacher au sens ; parce que les enfants ont toujours beaucoup de peine à bien lire ces sortes de mots.

On a encore séparé la consonne simple ou double de la voyelle, afin que les élèves en saisissent mieux l'ensemble & le résultat en les rapprochant eux-mêmes.

Pour les accoutumer à lire hardiment deux mots monosyllabes à la fois, on a rapproché les mêmes monosyllabes, depuis la page 42 jusqu'à la page 44 ; cet exercice prépare à quelques petites lectures en monosyllabes qui se trouvent à la page 45. L'élève s'en tirera parfaitement, s'il a été bien exercé sur les deux tables de monosyllabes : ces petits triomphes allument le courage des enfants ; il ne faut jamais manquer à leur en ménager.

Monosyllabes qu'il faut faire lire d'abord par sons séparés & ensuite tout d'un mot.

b-ail	bail	cl-ou	clou	c-rois	crois
b-ain	bain	cl-oux	cloux	cr-oit	croit
b-eau	beau	cl-oud	cloud	cr-ue	crue
b-eaux	beaux	ch-air	chair	cu-ir	cuir
b-aux	baux	ch-aud	chaud	cu-it	cuit
b-œuf	bœuf	ch-aux	chaux	da-in	dain
b-œufs	bœufs	ch-œur	chœur	da-is	dais
b-leu	bleu	c-œur	cœur	d-eux	deux
b-ien	bien	ch-ien	chien	d-euil	deuil
b-iais	biais	ch-ou	chou	D-ieu	Dieu
b-ouc	bouc	ch-oux	choux	d-ieux	dieux
b-oue	boue	ch-oix	choix	d-ois	dois
b-ois	bois	ch-oir	choir	d-oit	doit
b-ourg	bourg	ch-ois	chois	d-oigts	doigts
b-out	bout	c-oin	coin	d-où	d'où
b-ruit	bruit	c-oing	coing	d-oux	doux
b-uis	buis	c-ou	cou	dr-oit	droit
c-ap	cap	c oup	coup	dr-ue	drue
Ca-en	Caen	c-oût	coût	Dr-eux	Dreux
C-aux	Caux	c-our	cour	f-aut	faut
c-eux	ceux	c-ours	cours	f-aux	faux
c-eint	ceint	c-ourt	court	f-aulx	faulx
c-iel	ciel	cr-aie	craie	f-aim	faim
c-ieux	cieux	cr-aint	craint	f-ait	fait
c-laie	claie	cr-eux	creux	f-aits	faits
c-lair	clair	cr-oix	croix	f-aix	faix

fa-on	faon	gr-ain	grain	J-uifs	Juifs
f-eu	feu	gr-ains	grains	J-uin	Juin
f-eux	feux	gr-ais	grais	l-aïc	laïc
f-eint	feint	gr-ue	grue	l-aid	laid
f-ier	fier	gr-ouin	grouin	l-air	l'air
fl-eur	fleur	h-aie	haie	l-aie	l'aie
f-oi	foi	h-ait	hait	l-eau	l'eau
f-oie	foie	h-aut	haut	l-eu	leu
F-oix	Foix	h-ier	hier	l-eur	leur
f-ois	fois	h-oue	houe	l-eurs	leurs
f-oin	foin	h-oux	houx	l-ie	lie
f-ouet	fouet	h-uit	huit	l-ien	lien
f-oux	foux	j-ai	j'ai	l-ient	lient
four	four	j-aie	j'aie	l-ieu	lieu
f-rais	frais	J-ean	Jean	l-ieux	lieux
f-rein	frein	j-eu	jeu	l-ieue	lieue
fr-oid	froid	j-eux	jeux	l-oi	loi
fr-uit	fruit	j-eus	j'eus	l-oix	loix
fr-uits	fruits	j-oie	joie	l-oin	loin
fu-ir	fuir	j-ouet	jouet	l-oue	loue
fu-is	fuis	j-ouets	jouets	l-ouent	louent
fu-it	fuit	j-ouer	jouer	l-oué	loué
g-ai	gai	j-oue	joue	L-ouis	Louis
g-ain	gain	j-ouent	jouent	l-oup	loup
ge-ai	geai	j-oug	joug	l-oups	loups
g-oût	goût	j-our	jour	l-ourd	lourd
gu-é	gué	j-ours	jours	l-ui	lui
gu-et	guet	J-uif	Juif	M-ai	Mai

m-ain	main	n-oix	noix	pl aint	plaint
m-ains	mains	n-oueux	noueux	pl-ein	plein
M-aur	Maur	n-ous	nous	pl-ie	plie
m-aux	maux	n-uit	nuit	pl ient	plient
M-eaux	Meaux	n-ue	nue	pl eurs	pleurs
m-ien	mien	n-uée	nuée	pl-eut	pleut
m-ieux	mieux	p-ain	pain	pl-uie	pluie
me-us	meus	p-aîs	paîs	p-oids	poids
m-eut	meut	p-aît	paît	p-ois	pois
me-urs	meurs	p-aix	paix	p-oix	poix
m-eurt	meurt	p-aïs	païs	p-oint	point
m-œurs	mœurs	p-aie	paie	p oing	poing
m-ien	mien	p-air	pair	p oil	poil
m-ie	mie	p-aon	paon	p-oils	poils
m-iel	miel	P-aul	Paul	p oulx	poulx
m-oi	moi	p-eau	peau	p-rie	prie
m-oins	moins	p-eur	peur	prient	prient
m-ois	mois	p-eu	peu	pr-oie	proie
m-ou	mou	p-eut	peut	pr oue	proue
m-uet	muet	p-eint	peint	pu-its	puits
m-uids	muids	p-ie	pie	qu-ai	quai
n-ain	nain	p-ied	pied	qu-art	quart
n-œud	nœud	p-ieds	pieds	qu and	quand
n-œuds	nœuds	p-ieu	pieu	qu ant	quant
n-euf	neuf	p-ieux	pieux	qu-el	quel
ni-ais	niais	pl-aie	plaie	qu eue	queue
No-ël	Noël	pl-aît	plaît	qu-il	qu'il
n-oir	noir	pl-ains	plains	qu-oi	quoi

qu'-on	qu'on	ſ-ien	ſien	t-rois	trois
qu'-un	qu'un	ſ-oi	ſoi	T-roie	Troie
r-aie	raie	ſ-oie	ſoie	t-our	tour
r-eins	reins	ſ-oin	ſoin	T-ours	Tours
R-eims	Reims	ſ-oir	ſoir	t-rou	trou
r-ien	rien	ſ-ois	ſois	tr-oué	troué
R-oi	Roi	ſ oit	ſoit	t-roue	troue
r-oue	roue	ſ-oient	ſoient	v-aut	vaut
r-oux	roux	ſ-oif	ſoif	v-eau	veau
R-ouen	Rouen	ſ-ourd	ſourd	v-eaux	veaux
r-ouet	rouet	ſ-ous	ſous	v-ain	vain
r-ouer	rouer	ſ-uie	ſuie	v-air	vair
r-ou	rou	ſ-uis	ſuis	v-œu	vœu
ſ-aie	ſaie	ſ-uif	ſuif	v-œux	vœux
ſ-ais	ſais	ſ-uit	ſuit	v-eut	veut
ſ-ain	ſain	t-aie	taie	v-ie	vie
ſ-aint	ſaint	t-aux	taux	v-ieil	vieil
ſ-ait	ſait	t-eint	teint	v-ieux	vieux
ſ-auf	ſauf	t-ien	tien	v-iens	viens
ſ-aut	ſaut	t-ient	tient	v-ient	vient
ſc-eau	ſceau	t-iers	tiers	v-oie	voie
ſc-eaux	ſceaux	t-ous	tous	v-oix	voix
ſ-ein	ſein	t-out	tout	v-oir	voir
ſ-eing	ſeing	t-oux	toux	v-oit	voit
ſ-œur	ſœur	t-oit	toit	v-rai	vrai
ſ-eul	ſeul	t-rain	train	v-ue	vue
ſ-euil	ſeuil	t-rait	trait	v-ues	vues
ſc-ie	ſc-ie	t-raits	traits	y-eux	yeux

Monosyllabes & dissyllabes composés des monosyllabes précédents simples.

air fier	cieux en feu	deuil de cour
ail-leurs	claie de bois	deux à deux
ait eu	clou droit	Dieu des dieux
Août chaud	clair & frais	doigt au trou
au mieux	chair crue	doigts courts
aux cieux	chaud & froid	doit tout
aient lieu	chaux & craie	doux au cœur
ainsi soit	chou fleur	droit & haut
bail-leur	cœur de roi	dragées fines
bain froid	chien fou	eau-de-vie
beau jeu	coing cuit	eux & vous
beaux jeux	coup de feu	œuf frais
bœuf noir	cou-teau	œufs cuits
bleu clair	cou-cou	œil de bœuf
bien fait	cou de bœuf	faux seing
biai-ser	courte joie	faim & soif
bou-quin	cours droit	fais bien
bou-eux	craie & chaux	fais-ceau
bout-à-bout	creux & plein	fait à tout
bois-seau	croix de buis	fait au tour
boute feu	crois-moi	faix lourd
bruit sourd	cuir & chair	feu de bois
buis court	cuit au four	feux de nuit
cail-lou	crue d'eau	feint & faux
ceint au tour	dais en l'air	fier & haut
ciel bleu	dain vieux	fleur & fruit

foie de veau
foi de roi
foin & grain
fouet de cuir
four chaud
frais & gai
frein doux
froid noir
fruits & fleurs
fuir loin
gai & gué
geai noir
guet à pied
gueux à rouer
grains & foins
grue en l'air
grouin de truie
haie de buis
haut & fier
hier au ſoir
houx noueux
houe de bois
huit clos
huit fois
Jean & Louis
jeu d'oie
jeu de main
j'eus hier

joie au cœur
jouet à jouer
joue à joue
jour & nuit
joug & Juif
Juin & Mai
laid & fou
lait chaud
laie & loup
l'air & l'eau
lieu & Leu
lient tout
lieux ſaints
lieue loin
loi & loix
loin d'eux
Louis trois
loup & laie
lui & vous
Mai & Juin
mail à jouer
mainte fois
main-tien
mais au moins
Maur & Louis
maux de cœur
meus & meut
le mien le tien

meurs&meurt
mie de pain
miel doux
moi & eux
mois d'Août
moins bien
mou-leur
muet & ſourd
muids d'eau
main à pied
neuf & trois
nie & nient
noir de peau
Noël & Jean
noue&nouent
noué en deux
nous & eux
nuit & jour
nue & nuée
oit & oient
oie & ouais
oui ouïes
oint & ſaint
ouir & voir
ours noir
pain cuit
paix de Dieu
pays de Caux

paie de roi	quant & quand	ſoif & faim
pair laïc	quel qu'il ſoit	ſoi ſeul
paon en l'air	queue de loup	ſoin à tout
peau de chien	quoi qu'il ait	ſoir & ſoie
Paul & Louis	quint & quart	ſois à moi
peur & fuir	qu'un y ſoit	ſoit & ſoient
peu-à-peu	qu'on le lie	ſourd à tous
peint en beau	raye & rayent	ſous la main
pieu de bois	raie & reins	ſuie en feu
pied à pied	Reims&Rouen	ſuit à pied
pied de roi	rien du tout	ſuif neuf
plaît à Dieu	Roi des Rois	ſuis-moi
plaint de tous	roue & rouet	taie à l'œil
plein d'eau	roux & bleu	tout & tous
plie & plient	rouet & roue	teint en noir
poids & poix	rue St. Louis	tient bien
pois en fleurs	ſain & ſauf	tout en haut
pleurs & pleut	Saint Leu	toit en feu
peut-on voir	ſaute en l'air	trait en trois
point du tout	ſceau de roi	traits de feu
poing court	ſein & ſceaux	train de bois
poil roux	ſein & ſaint	trois à trois
plaie au cœur	ſœur de lait	Troie&Tours
pluie en l'air	ſaoul de tout	tour à tour
prie Dieu	ſeul à ſeul	trou & truie
prient tous	ſeuil de bois	vaurien
proue à l'eau	ſcie à main	veau cuit
puits & ſceau	ſcieurs de bois	veaux noirs

vair & vieil	viens & vient	voit le jour
vœux au ciel	vieux oing	vois & voient
veut & vœux	voie de lait	vrai & faux
vie des Saints	voie en haut	voix & vue.

PIECE DE LECTURE

composée de monosyllabes.

DIEU a fait le Ciel & tout ce qu'on voit sous les Cieux, tout ce qui est dans les eaux, & en tous lieux. Il a fait le jour & la nuit.

Dieu voit tout. Il voit le bien & le mal qu'on fait. Il voit tout ce qui est dans nos cœurs. Dieu fait tout ce qui lui plaît. Il a fait tout ce qui est dans les airs. Il tient tous les biens dans sa main.

Dieu est le Roi des Rois, le Saint des Saints, le Dieu des Dieux. Nos vœux & nos cœurs sont ce qui lui plaît le mieux. Quand on a la foi on croit tout ce qu'il a fait pour nous,

INSTRUCTION

Pour les perſonnes qui enſeignent à lire.

LEs ſons composés qui déterminent les différens temps des verbes, embarraſſent long-temps les enfans. Pour y remédier, on a fait entrer dans les pages 47, 48, 49 & 50, une ſuite de verbes de deux, de trois & de quatre ſyllabes, rangés par ordre alphabétique ; on a rapproché les terminaiſons *ent*, *ant*, *oit*, & *oient*, que les enfants confondent ordinairement. Il faut avoir ſoin de les bien exercer ſur ces différentes terminaiſons, ils n'y trouveront plus aucune difficulté dans la ſuite.

Les pages 51 & 52 contiennent une ſuite de petites phraſes, où l'on a rapproché les verbes du mot qui n'eſt point verbe, pour faire comprendre aux enfans que les trois lettres *ent*, ſe prononcent comme un *e* muet, à la fin d'un verbe ; & que ces trois lettres ſe prononcent toutes à la fin de tous les autres mots.

Mots de deux syllabes	*Mots de trois syllabes.*	*Mots de quatre syllabes.*
ai mer	a bat tre	ac cou tu mer
ai mant	a bat tant	ac cou tu mant
ai ment	a bat tent	ac cou tu ment
ai moit	a bat toit	ac cou tu moit
ai moient	a bat toient	ac cou tu moient
boi re.	ba lan cer	bal bu ti er
bu vant	ba lan çant	bal bu tiant
boi vent	ba lan cent	bal bu ti ent
bu voit	ba lan çoit	bal bu ti oit
bu voient	ba lan çoient	bal bu ti oient
chan ter	châ ti er	ca ra co ler
chan tant	châ ti ant	ca ra co lant
chan tent	châ ti ent	ca ra co lent
chan toit	châ ti oit	ca ra co loit
chan toient	châ ti oient	ca ra co loient
don ner	dé li vrer	dé mé na ger
don nant	dé li vrant	dé mé na geant
don nent	dé li vrent	dé mé na gent
don noit	dé li vroit	dé mé na geoit
don noient	dé li vroient	dé mé na geoient
en fler	ef fa cer	é cha fau der
en flant	ef fa çant	é cha fau dant
en flent	ef fa cent	é cha fau dent
en floit	ef fa çoit	é cha fau doit
en floient	ef fa çoient	é cha fau doient

Mots de deux ſyllabes.	*Mots de trois ſyllabes.*	*Mots de quatre ſyllabes.*
for cer	fri caſ ſer	fan fa ron ner
for çant	fri caſ ſant	fan fa ron nant
for cent	fri caſ ſent	fan fa ron nent
for çoit	fri caſ ſoit	fan fa ron noit
for çoient	fri caſ ſoient	fanfaronnoient
ga gner	gour man der	geſ ti cu ler
ga gnant	gour man dant	geſ ti cu lant
ga gnent	gour man dent	geſ ti cu lent
ga gnoit	gour man doit	geſ ti cu loit
ga gnoient	gour mandoient	geſ ti cu loient
ha cher	ha bi ter	her bo ri ſer
ha chant	ha bi tant	her bo ri ſant
ha chent	ha bi tent	her bo ri ſent
ha choit	ha bi toit	her bo ri ſoit
ha choient	ha bi toient	her bo ri ſoient
jou er	jar di ner	juſ ti fi er
jou ant	jar di nant	juſ ti fi ant
jou ent	jar di nent	juſ ti fi ent
jou oit	jar di noit	juſ ti fi oit
jou oient	jar di noient	juſ ti fi oient
lui re	la bou ré	lé gi ti mé
lui ſant	la bou rer	lé gi ti mer
lui ſent	la bou rant	lé gi ti mant
lui ſoit	la bou rent	lé gi ti ment
lui ſoient	la bou roit	lé gi ti moit
lui tes	la bou roient	lé gi ti moient

Mots

Mots de deux ſyllabes.	*Mots de trois ſyllabes.*	*Mots de quatre ſyllabes.*
man quer	maſ ſa crer	mor ti fi er
man quant	maſ ſa crant	mor ti fi ant
man quent	maſ ſa crent	mor ti fi ent
man quoit	maſ ſa croit	mor ti fi oit
man quoient	maſſa croient	mor ti fi oient
na ger	né to yer	né go ci er
na geant	né to yant	né go ci ant
na gent	né to yent	né go ci ent
na geoit	né to yoit	né go ci oit
na geoient	né to yoient	né go ci oient
ou vrir	or don ner	or ga ni ſer
ou vrant	or don nant	or ga ni ſant
ou vrent	or don nent	or ga ni ſent
ou vroit	or don noit	or ga ni ſoit
ou vroient	or don noient	or ga ni ſoient
pein dre	par cou rir	phi lo ſo pher
pei gnant	par cou rant	phi lo ſo phant
pei gnent	par cou rent	phi lo ſo phent
pei gnoit	par cou roit	phi lo ſo phoit
pei gnoient	parcouroient	phi lo ſo phoient
quit te	que rel le	queſ ti on ne
quit ter	que rel ler	queſ ti on ner
quit tant	que rel lant	queſ ti on nant
quit tent	que rel lent	queſ ti on nent
quit toit	que rel loit	queſ ti on noit
quit toient	que rel loient	queſ tion noient

Mots de deux syllabes.	*Mots de trois syllabes.*	*Mots de quatre syllabes.*
ren dre	ré pon dre	re com men cer
ren dant	ré pon dant	recommençant
ren dent	ré pon dent	recommençent
ren doit	ré pon doit	re commençoit
ren doient	ré pon doient	re com mençoient
ſouf frir	ſou met tre	ſa cri fi er
ſouf frant	ſou met tant	ſa cri fi ant
ſouf frent	ſou met tent	ſa cri fi ent
ſouf froit	ſou met toit	ſa cri fi oit
ſouf froient	ſou met toient	ſa cri fi oient
tor dre	té moi gner	tran quil li ſer
tor dant	té moi gnant	tran quil li ſant
tor dent	té moi gnent	tran quil li ſent
tor doit	té moi gnoit	tran quil li ſoit
tor doient	té moi gnoient	tran quil li ſoient
vou loir	ven dan ger	ver ba li ſer
vou lant	ven dan geant	ver ba li ſant
veu lent	ven dan gent	ver ba li ſent
vou loit	ven dan geoit	ver ba li ſoit
vou loient	ven dan geoient	ver ba li ſoient

EXEMPLES.

Qui font voir que les lettres ent *ont le même ſon que l'e muet, à la fin des mots auxquels on peut joindre* ils *ou* elles ; *mais qu'elles ſe prononcent à la fin de tous les autres mots.*

Les hom mes s'ai ment
ra re ment.
Les oi ſeaux cou vent
ſou vent.
Les en fans ai ment
le mou ve ment.
Les pa reſ ſeux s'a ni ment
dif fi ci le ment.
Les hon nê tes gens s'eſ ti ment
mu tu el le ment.
Les da mes s'ex pri ment
dé li ca te ment.
Les chi me res ſe for ment
ai ſé ment.

Les dé vots dor ment
mol le ment.
Les bons li vres s'im pri ment
ſoi gneu ſe ment.
Les pe tits en fans s'ac cou tu ment
fa ci le ment.
Les pol trons s'al lar ment
ai ſé ment.
Les ours ſe ren fer ment
é troi te ment.
Les grands dé fauts ſe ré for ment
ra re ment.
Les a va res s'en dor ment
dif fi ci le ment.
Les mau vais li vres ſe ſup pri ment
promp te ment.
Les vieil lards s'en rhu ment
fa ci le ment.

INSTRUCTION

Pour les Perſonnes qui enſeignent à lire.

ICI commencent les premières lectures ſuivies, imprimées en caractères romain & italique. On a cru devoir préſenter d'abord aux enfants les prières qu'ils doivent réciter tous les jours, & qu'on ne ſauroit trop tôt leur apprendre. L'unique moyen d'y réuſſir, c'eſt de les leur faire lire & relire, jusqu'à ce qu'ils les ſachent paſſablement par cœur : on les a miſes, d'un côté, à ſons liés. Cette première opération prépare à la ſeconde : il faut toujours ſuivre ce procédé, jusqu'à ce que les enfants ſoient fermes dans la lecture.

Il faut leur faire lire & apprendre également par cœur les pièces de lecture qui ſe trouvent à la page 62.

L'O rai ſon Do mi ni ca le.

NO TRE Pè re qui ê tes aux Ci eux : que vo tre nom ſoit ſanc ti fi é : que vo tre rè gne ar ri ve : que vo tre vo lon té ſoit fai te en la ter re com me au ci el : don- nez-nous au jour d'hui no tre pain quo ti- di en, & nous par don nez nos of fen ſes, com me nous les par don nons à ceux qui nous ont of fen ſés, & ne nous in dui ſez point en ten ta tion ; mais dé li vrez-nous du mal.

Ain ſi ſoit-il.

La Sa lu ta ti on An gé li que.

JE vous ſa lue Ma rie, plei ne de grâ ces, le Sei gneur eſt avec vous : vous êtes bé nie en tre tou tes les fem mes ; & Je ſus, le fruit de vo tre ven tre, eſt bé ni.

Sainte Ma rie, mè re de Di eu, priez pour nous pau vres pé cheurs, main te nant & à l'heu re de no tre mort.

Ain ſi ſoit-il.

L'Oraiſon Dominicale.

NOTRE Père qui êtes aux Cieux : que votre nom ſoit ſanctifié : que votre règne arrive : que votre volonté ſoit faite en la terre comme au ciel : donnez-nous aujourd'hui notre pain quotidien, & nous pardonnez nos offenſes, comme nous les pardonnons à ceux qui nous ont offenſés, & ne nous induiſez point en tentation ; mais délivrez-nous du mal.

Ainſi ſoit-il.

La Salutation Angélique.

JE vous ſalue Marie, pleine de graces ; le Seigneur eſt avec vous : vous êtes bénie entre toutes les femmes ; & Jeſus, le fruit de votre ventre, eſt béni.

Sainte Marie, mère de Dieu, priez pour nous pauvres pécheurs, maintenant & à l'heure de notre mort.

Ainſi ſoit-il.

La Con feſ ſi on des pé chés.

JE con feſ ſe à Dieu Tout-puiſ ſant , à la Bien heu reu ſe Ma rie tou jours Vi er ge , à Saint Mi chel Ar chan ge , à Saint Je an-Bap tiſ te , aux A pô tres Saint Pi er re & Saint Paul , & à tous les Saints , que j'ai beau coup pé ché par pen ſées , par pa ro les & par ac ti ons : c'eſt ma fau te , c'eſt ma fau te , c'eſt ma très-gran de fau te. C'eſt pourquoi je ſup plie la Bien heu reuſe Ma rie tou jours Vi er ge , Saint Mi chel Ar chan ge , Saint Jean-Bap tiſ te , les A pô tres Saint Pi er re & Saint Paul, & tous les Saints , de pri er pour moi le Sei gneur no tre Dieu.

La Confeſſion des péchés.

JE confeſſe à Dieu Tout-puiſſant à la Bienheureuſe Marie toujours Vierge, à Saint Michel Archange, à Saint Jean-Baptiſte, aux Apôtres Saint Pierre & Saint Paul, à tous les Saints, que j'ai beaucoup péché par penſées, par paroles & par actions : c'eſt ma faute, c'eſt ma faute, c'eſt ma très-grande faute. C'eſt pourquoi je ſupplie la Bienheureuſe Marie toujours Vierge, Saint Michel Archange, Saint Jean-Baptiſte, les Apôtres Saint Pierre & Saint Paul & tous les Saints, de prier pour moi le Seigneur notre Dieu.

Les Com man de mens de Dieu.

UN ſeul Dieu tu a do re ras,
Et ai me ras par fai te ment.
Dieu en vain tu ne ju re ras,
Ni au tre cho ſe pa reil le ment.
Les Di man ches tu gar de ras,
En ſer vant Dieu dé vo te ment.
Tes pè res & mè res ho no re ras,
A fin que tu vi ves lon gue ment.
Ho mi ci de point ne ſe ras,
De fait ni vo lon tai re ment.
Lu xu ri eux point ne ſe ras,
De corps ni de con ſen te ment.
Le bien d'au trui tu ne pren dras,
Ni re tien dras à ton eſ ci ent.
Faux té moi gna ge ne diras,
Ni men ti ras au cu ne ment.
L'œu vre de la chair ne de ſi re ras,
Qu'en ma ria ge ſeu le ment.
Biens d'au trui ne con voi te ras,
Pour les avoir in juſ te ment.

Les Commandemens de Dieu.

UN ſeul Dieu tu adoreras,
Et aimeras parfaitement.
Dieu en vain tu ne jureras,
Ni autre choſe pareillement.
Les Dimanches tu garderas,
En ſervant Dieu dévotement.
Tes pères & mères honoreras,
Afin que tu vives longuement.
Homicide point ne feras,
De fait ni volontairement.
Luxurieux point ne ſeras,
De corps ni de conſentement.
Le bien d'autrui tu ne prendras,
Ni retiendras à ton eſcient.
Faux témoignage ne diras,
Ni mentiras aucunement.
L'œuvre de la chair ne deſireras,
Qu'en mariage ſeulement.
Biens d'autrui ne convoiteras,
Pour les avoir injuſtement.

Les Com man de mens de l'E gli ſe.

LEs fê tes tu ſanc ti fie ras,
Qui te ſont de com man de ment.
Les Di man ches la Meſ ſe ouï ras,
Et les Fê tes pa reil le ment.
Tous tes pé chés con feſ ſe ras,
A tout le moins un e fois l'an.
Ton Cré a teur tu re ce vras,
Au moins à Pâ ques hum ble ment.
Qua tre-temps, vi gi les, jeû ne ras,
Et le ca rê me en tié re ment.
Vendre di chair ne man ge ras,
Ni le ſa me di mê me ment.

La Bé né dic ti on de la Ta ble.

Au nom du Père, & du Fils, & du St. Eſprit.
Ainſi ſoit-il.

QUE la main de Jeſus-Chriſt nous bé-niſ ſe, & la nour ri ture que nous al lons pren dre.

Graces.

Au nom du Père, & du Fils, &c.

NOUS vous ren dons grâ ces de tous vos bien faits, ô Di eu Tout-puiſ ſant, qui vi vez & ré gnez dans tous les ſiè cles des ſiè cles. Ain ſi ſoit-il.

Les Commandemens de l'Église.

Les Fêtes tu ſanctifieras,
Qui te ſont de commandement.
Les Dimanches la Meſſe ouïras,
Et les Fêtes pareillement.
Tous tes péchés confeſſeras,
A tout le moins une fois l'an.
Ton Créateur tu recevras,
Au moins à Pâques humblement.
Quatre-temps, vigiles, jeûneras,
Et le carême entiérement.
Vendredi chair ne mangeras,
Ni le ſamedi mêmement.

La Bénédiction de la Table.

Au nom du Père, & du Fils, & du S. Eſprit.
Ainſi ſoit-il.

QUE la main de Jeſus-Chriſt nous béniſſe, & la nourriture que nous allons prendre.

Graces.

Au nom du Père, & du Fils, &c.

NOUS vous rendons graces de tous vos bienfaits, ô Dieu Tout-Puiſſant, qui vivez & régnez dans tous les ſiècles des ſiècles. Ainſi ſoit-il.

Idée de Dieu & de ſon pou voir ſur tou tes les cré a tu res.

CE Dieu, Maî tre ab ſo lu de la Ter re & des Ci eux.
N'eſt point tel que l'er reur le fi gu re à vos yeux.
L'É ter nel eſt ſon nom ; le Mon de eſt ſon ou vra ge.
Il en tend les ſou pirs de l'hum ble qu'on ou tra ge ;
Ju ge tous les mor tels avec d'é ga-les loix,
Et, du haut de ſon Trô ne, in ter-ro ge les Rois.
Des plus fer mes É tats la chû te é pou van ta ble,
Quand il veut, n'eſt qu'un jeu de ſa main re dou ta ble.

Eſther ; Tra gé die de M. Ra ci ne.

Idée de Dieu & de ſon pouvoir ſur toutes les créatures.

CE Dieu, Maître abſolu de la Terre & des Cieux,
N'eſt point tel que l'erreur le figure à vos yeux.
L'Éternel eſt ſon nom ; le Monde eſt ſon ouvrage.
Il entend les ſoupirs de l'humble qu'on outrage ;
Juge tous les mortels avec d'égales loix,
Et, du haut de ſon Trône, interroge les Rois.
Des plus fermes États la chûte épouvantable,
Quand il veut, n'eſt qu'un jeu de ſa main redoutable.

Idée de Dieu & de ſon pouvoir ſur toutes les créatures.

CE Dieu, Maître abſolu de la terre & des Cieux,
N'eſt point tel que l'erreur le figure à vos yeux.
L'Éternel eſt ſon nom ; le Monde eſt ſon ouvrage.
Il entend les ſoupirs de l'humble qu'on outrage ;
Juge tous les mortels avec d'égales loix,
Et du haut de ſon Trône, interroge les Rois.
Des plus fermes États la chûte épouvantable,
Quand il veut, n'eſt qu'un jeu de ſa main redoutable.

Eſther, Tragédie de M. Racine.

Au tre idée de la tou te-puiſ ſance de Di eu.

Mê me Tra gé die.

QUE peu vent contre lui tous les Rois de la ter re ?
En vain ils s'u ni roient pour lui faire la guer re.
Pour diſ ſi per leur li gue, il n'a qu'à ſe mon trer ;
Il par le, & dans la pou dre il les fait tous ren trer.
Au ſeul ſon de ſa voix, la mer fuit, le ci el trem ble ;
Il voit com me un né ant tout l'u ni- vers en ſem ble ;
Et les foi bles hu mains, vains jou ets du tré pas,
Sont tous de vant ſes yeux com me s'ils n'é toient pas.

Autre idée de la toute-puiſſance de Dieu.

Même Tragédie.

QUE peuvent contre lui tous les rois de la terre?
En vain ils s'uniroient pour lui faire la guerre.
Pour diſſiper leur ligue, il n'a qu'à ſe montrer;
Il parle, & dans la poudre il les fait tous rentrer.
Au ſeul ſon de ſa voix, la mer fuit, le ciel tremble;
Il voit comme un néant tout l'univers enſemble;
Et les foibles humains, vains jouets du trépas,
Sont tous devant ſes yeux comme s'ils n'étoient pas.

Autre idée de la toute-puiſſance de Dieu.

Même Tragédie.

QUE peuvent contre lui tous les rois de la terre?
En vain ils s'uniroient pour lui faire la guerre.
Pour diſſiper leur ligue, il n'a qu'à ſe montrer;
Il parle, & dans la poudre il les fait tous rentrer.
Au ſeul ſon de ſa voix, la mer fuit, le ciel tremble;
Il voit comme un néant tout l'univers enſemble;
Et les foibles humains, vains jouets du trépas,
Sont tous devant ſes yeux comme s'ils n'étoient pas.

Au tre mor ceau de M. Ra ci ne.

J'Ai vu l'im pie ado ré ſur la ter re:
Pa reil au cè dre, il por toit dans les cieux,
Son front au da cieux:
Il ſem bloit, à ſon gré, gou ver ner le ton ner re;
Fou loit aux pieds ſes en ne mis vain cus.
Je n'ai fait que paſ ſer; il n'é toit dé jà plus.

Por trait de l'hy po cri te.

Par M. Rouſ ſeau.

L'Hy po cri te, en frau des fer ti le;
Dès l'en fan ce, eſt pé tri de fard;
Il ſait co lo rer avec art
Le fi el que ſa bou che diſ ti le,
Et la mor ſu re du ſer pent
Eſt moins aig uë & moins ſub ti le,
Que le ve nin ca ché que ſa lan gue répand.

Autre morceau de M. Racine.

J'Ai vu l'impie adoré sur la terre :
Pareil au cèdre , il portoit dans les cieux ;
son front audacieux :
Il sembloit , à son gré , gouverner le tonnerre ;
Fouloit aux pieds ses ennemis vaincus.
Je n'ai fait que passer ; il n'étoit déja plus.

Portrait de l'hypocrite,

Par M. Rousseau.

L'Hypocrite , en fraudes fertile ;
Dès l'enfance , est pétri de fard ,
Il sait colorer avec art
Le fiel que sa bouche distile ;
Et la morsure du serpent
Est moins aiguë & moins subtile ,
Que le venin caché que sa langue répand.

Stan ce ſur la Mort.

LA Mort a des ri gueurs à nul le au tre pa reil les :
On a beau la pri er ;
La cruel le qu'el le eſt , ſe bou che les o reil les ,
Et nous laiſ ſe cri er.
Le pau vre en ſa ca ba ne , où le chau me le cou vre ,
Eſt ſu jet à ſes loix ;
Et la gar de qui veil le aux bar riè res du Lou vre ,
N'en dé fend pas les Rois.

Stan ce ſur la Mort.

LA Mort a des ri gueurs á nul le au tre pa reil les :
On a beau la pri er ;
La cruel le qu'el le eſt , ſe bou che les o reil les ,
Et nous laiſſe cri er.
Le pau vre en ſa ca ba ne , où le chau me le cou vre ,
Eſt ſu jet á ſes loix ;
Et la gar de qui veil le aux bar riè res du Lou vre ,
N'en dé fend pas les Rois.

Stance ſur la Mort.

LA Mort a des rigueurs à nulle autre pareilles :
On a beau la prier ;
La cruelle qu'elle eſt, ſe bouche les oreilles,
Et nous laiſſe crier.
Le pauvre en ſa cabane, où le chaume le couvre,
Eſt ſujet à ſes loix ;
Et la garde qui veille aux barrières du Louvre,
N'en défend pas les Rois.

Stance ſur la Mort.

LA Mort a des rigueurs á nulle autre pareilles.
On a beau la prier ;
La cruelle qu'elle eſt, ſe bouche les oreilles,
Et nous laiſſe crier.
Le pauvre en ſa cabane, où le chaume le couvre,
Eſt ſujet à ſes loix ;
Et la garde qui veille aux barrières du Louvre,
N'en défend pas les Rois.

INSTRUCTION

Pour les personnes qui enseignent à lire.

S'Il se trouve quelque enfant qui ne sache point lire après ces différentes leçons, il ne faut pas aller plus loin, parce que les règles & les opérations suivantes ne sont destinées qu'à perfectionner la lecture, & à donner aux enfans les premières idées de l'orthographe & de la prononciation. Il n'y a alors d'autre parti à prendre, que de faire recommencer à l'élève tardif, les élémens de lecture qu'il a déjà vus, simples ou composés, suivant que les premiers essais auront plus ou moins réussi.

On trouve ici, depuis la page 71 jusqu'à la page 86, une suite de voyelles & consonnes simples & composées, placées suivant l'ordre alphabétique, avec des exemples qui rendent familière la différente prononciation de ces voyelles ou consonnes. Il faut faire lire cette partie avec le plus grand soin; & y revenir plus d'une fois : le plus sûr moyen seroit de la faire écrire, dès que les enfans sont en état de modeler leurs lettres.

Des voyelles longues, & des voyelles brèves.

Les voyelles longues, sont celles qui se prononcent lentement.

EXEMPLES.

le hâle,
un mâtin,
un mâle,
une châsse,
de la pâte,
une tâche,
un hêtre,
un prêtre,
un gîte,
un goître,
un cloître,
une bûse,
une muse,

Les voyelles brèves, sont celles qui se prononcent promptement.

EXEMPLES.

une halle,
le matin,
une malle,
la chasse,
une patte,
une tache,
une herse,
une prêtresse,
le giron,
un goinfre,
une cloison,
un buste,
une mule.

ai se prononce *é*.

on écrit,	*on prononce*,
j'aimai	j'émé,
je donnai	je donné,
je lirai	je liré,
je ferai	je féré,

ay se prononce *ey*.

on écrit,	*on prononce*,
crayon	créyon,
rayon	réyon,
payer	péyer,
pays	péïs,

ai se prononce *è*.

on écrit,	*on prononce*,
baisser	bèsser,
abaissement	abèssement,
biaiser	bièser,
caissier	kèssier,
niaiser	nièser
mauvais	mauvès
naître	nètre,
maître	mètre,
notaire	notère,
plaire	plère,

am a quelquefois le même ſon qu'*em*.

ambition	empire,
ample	emploi,
flamme	femme,
lampe	remplir,
tambour	temple,

an a quelquefois le même ſon qu'*en*.

avant	avent,
bannir	mentir,
demande	amende,
fange	fente,
landes	lente.

ain, *ein*, *in*, ont le même ſon.

dedain, deſſein, deſtin;
eſſaim, refrein, mutin,
grain, feint, fin,
faim, plein, vin,
humain, ſerein, ſerin,
pain, peint, pin,
plainte, teinte, ſinge,
ſainte, feinte, quinte.

eau a le même ſon que *au*.

anneau	naufrage,
bateau	taupe,
bedeau	daube,
caveau	vautour,
flambeau	baume,
gâteau	autel,
hameau	mauve,
morceau	ſauce,
pinceau	fauteur,
rouleau	laudes.

aen, *ean*, *aon*, ſe prononcent *an*; ils ont le même ſon dans

Caen, Jean, dent, paon, faon, Laon.

excepté taon & taonner.

c ſe prononce *ſ* & *k*.

EXEMPLES.

façade	arcade,	maçon	Mâcon,
glaçon	balcon,	forçat	placard,
Provençale	caſcade,	conçu	vaincu,
rançon	flacon,	rinçures	rancune,
garçon	gaſcon,		

é final

c final ne ſe prononce point devant une conſonne.	*c* final ſe prononce devant une voyelle.
EXEMPLES.	EXEMPLES.
blanc raiſin,	du blanc au noir,
clerc novice,	de clerc à maître,
franc fripon,	franc étourdi,
porc frais,	porc épi,
marc d'or,	Marc-Antoine.

c ſe prononce à la fin de pluſieurs mots.	*c* ne ſe prononce point lorſqu'il eſt ſuivi d'une conſonne. Il faut écrire,
EXEMPLES.	
almanac ammoniac,	un eſtomac plein,
eſtomac tabac,	du tabac d'Eſpagne.
aſpect avec,	mais il faut prononcer,
aſpic ſyndyc,	eſtoma plein,
baroc eſtoc,	taba d'Eſpagne.
muſc Turc.	

ch ſe prononce *che* & *ke*.	*chr* ſe prononce *kre*.
EXEMPLES.	EXEMPLES.
change Archange,	Chrétien,
charité Euchariſtie,	Saint-Chrême,
afficheur chœur,	Chrétiennement,
échopé chorographie	Chriſtophe,
chocolat chorus,	Chriſtianiſme,
choc écho,	Chronique,
chute catéchumène,	Chronographe,
chymie,	Chronologie,
chuchotter,	Chryſalyde.
Chinois,	

D

c ſe prononce quelquefois *g*.

EXEMPLES.

on écrit,	*on prononce*,
Claude	Glaude,
cicogne	cigogne,
ſecond	ſegond,
ſecondement	ſegondement,
ſeconder	ſegonder,
ſecret	ſegret,
ſecrétaire	ſegrétaire,
ſecrétariat	ſegrétariat.

d ſe prononce *t* à la fin des mots, lorſqu'il eſt ſuivi d'une voyelle ou d'une *h* non aſpirée.

EXEMPLES.

on écrit,	*on prononce*,
grand apôtre	grant apôtre,
grand écrivain	grant écrivain,
grand homme	grant homme,
ſecond hymenée	ſecont hymenée,
ſecond article	ſecont article,
quand il boit	quant il boit,
quand on veut	quant on veut,
vend-il?	vent-il?
vend-elle?	vent-elle?
vend-on?	vent-on?
ſe défend-il?	ſe défent-il?
perd-elle?	pert-elle?

On ſupprime le *d* dans le mot *pied*. On dit, *mettre pié à terre*, & non pas *piét à terre*.

e eſt ouvert dans tous les monoſyllabes terminés par une *s.*

Il faut prononcer,

ces, des, les, mes, ſes, tes,

comme s'il y avoit l'accent grave.

cès, dès, lès, mès, sès, tès,

Il y a une exception pour le diſcours familier, on le prononce fermé, comme s'il y avoit l'accent aigu.

on écrit,	*on prononce,*
ces livres	cés livres,
des hommes	dés hommes,
les femmes	lés femmes,
mes gens	més gens,
ſes habits	ſés habits,
tes meubles	tés meubles,

eu ſe prononce comme *u.*

on écrit,	*on prononce,*
Euſtache	Uſtache
à jeun	à jun

e eſt encore ouvert devant quelques conſonnes.

appel	j'appelle
bel	belle
cartel	il écartelle
chancel	il chancelle
hydromel	hirondelle
nouvel	nouvelle
amer	cancer
enfer	Jupiter
hier, fier, mer, &c.	

é eſt fermé devant une conſonne dans les mots ſuivans.

on écrit,	*on prononce,*
amandier	amandié
barbier	barbié
cordelier	cordelié
damier	damié
jardinier	jardinié
ouvrier	ouvrié
patiſſier	patiſſié
ſavetier	ſavetié.

gm ſe prononce *gue-me* dans pluſieurs mots.

on écrit,	*on prononce,*
ſtigmates	ſti gue ma tes
augmenter	au gue men ter
diaphragme	dia phra gue me
énigmatique	é ni gue ma tique.

gn ſe prononce *gue-ne* dans quelques mots.

on écrit	*on prononce*
inexpugnable	in ex pu gue na ble
magnétique	ma gue né ti que
gnôme	gue nô me

gn ſe prononce quelquefois ſimplement *n*,

on écrit	*on prononce*
aſſignation	aſſination
aſſigner	aſſiner
magnifique	manifique
ſigner	ſiner
on écrit	*on prononce*
incognito	inconitó,
	comme dans
	épargne, épagneul.

h aſpirée. *On prononce l'h. dans les mots ſuivants.*	*h* non aſpirée. *On ne prononce point l'h. dans les mots ſuivants.*	*h* ne ſe prononce point quand elle eſt après une conſonne. *on écrit*	*on prononce.*
hache	habit	l'heure	leure
haro	habile	l'hiſtoire	liſtoire
héros	héroïne	l'honneur	lonneur
hibou	hiſtoire	l'humeur	lumeur
hotte	hôte	théologie	téologie
hûre	heure	adhérer	aderer
houſſe	horloge	rhéteur	réteur
hautbois	hôpital	Rhin	Rin
houlette	hôtel	Rhône	Rône
Hollande	hoſtilité	rhubarbe	rubarbe
huguenot	humanité.	rhume	rume.

Une *l* ſimple ou deux *ll* précédées de la voyelle *i*, ont un ſon liquide ou mouillé.

ail	*aille.*	*eil*	*eille*
bail	bataille	appareil	abeille
cail	canaille	conſeil	corbeille
corail	écaille	orgueil	groſeille
détail	futaille	orteil	treille
émail	griſaille	pareil	pareille
gaillard	limaille	réveil	merveille
mail	muraille	ſommeil	ſommeille
portail	paille	ſoleil	oſeille
ſérail	tenaille	vermeil	vermeille
vieillard	Verſailles	vieil	vieille.

il	*ille*	*ouil ouille*	*euil euille*
Avril	anguille	fenouil	Auteuil
chenil	cheville	andouille	Argenteuil
gril	étrille	verouil	Arcueil
fournil	famille	bredouille	cerfeuil
mil *graine*	mandille	citrouille	Choiſeuil
nombril	quille	dépouille	écureuil
péril	pointille	gazouille	fauteuil
perſil	quadrille	grenouille	feuille
ſillon		farfouille	ſeuil
		gargouille	veuille
		patrouille	
		rouille	
		ſouillure.	

exception

Gille	ville
mil *nombre*	mille
ſubtil	ſubtile.

m ſe prononce quelquefois *n*.

EXEMPLES

on écrit	*on prononce*
Ambaſſade	Anbaſſade
bombarder	bonbarder
compter	conpter
combien	conbien
damnation	dannation
emmener	enmener
exempter	exenpter
importun	inportun
nombre	nonbre
ombrage	onbrage
pompeux	ponpeux
prompt	pronpt
Samſon	Sanſon.

m ſe prononce dans les mots ſuivants.

Amſterdam	immobile
amniſtie	infamie
calomnie	préſomptif
exemption	ſomptueux
hymne	ſomnambule
indemnité	ſymptôme
immédiat	immenſe.

n à la fin des monoſyllabes ſe joint toujours à la voyelle ſuivante, & à l'*h* aſpirée.

EXEMPLES.

on écrit	*on prononce*
bien adroit	bien n'adroit
bien inſtruit	bien n'inſtruit
bien ombragé	bien n'ombragé
bien utile	bien n'utile
bien habile	bien n'habile
bien heureux	bien n'heureux
bien hiſtorié	bien n'hiſtorié
bien honnête	bien n'honnête
bien humide	bien n'humide
on avance	on n'avance
l'on inſtruit	l'on n'inſtruit
bon enfant	bon n'enfant
mon ouvrage	mon n'ouvrage
rien en tout	rien n'en tout
ſon ami	ſon n'ami
ton habit	ton n'habit
mon honneur	mon n'honneur

oi ſe prononce *oi* & *ai*.		*ph* ſe prononce *f*.
EXEMPLES.		EXEMPLES.
avoir	avoit	Phaëton
boire	buvoit	alpha
croiſée	croire	Pharaon
devoir	devoit	aſphalte
exploit	contemploit	pharmacie
foire	foible	emphâſe
gloire	Anglois	phraſe
hiſtoire	j'étois	emphatique
mâchoire	mâchoit	Phébus
noire	connoît	prophête
poire	coupoit	phénomène
roitelet	roide	prophétique
ſoirée	penſoit	Amphion
toiſon	comptoit	philtre
voirie	liroit	amphibie
Chinois	connois	géographie
Danois	Charolois	philoſophie
S. François	François	phyſique
Gaulois	Bordelois	métaphore
l'Artois	Ecoſſois	phoſphore.
Génois	Hollandois	
Siamois	Bourbonnois.	

Il n'y a que l'uſage qui apprenne cette différence.

pt ſe prononce auſſi *ps*.

EXEMPLES

aptitude	nuptial
adoptif	adoption
corruptible	corruption
Egypte	Egyptien
inepte	ineptie
préſomptif	préſomption
optique	option
obreptice	obreption
ſouſcripteur	ſouſcription
ſubreptice	ſubreption

pt ſe prononce quelquefois ſimplement *t*.

EXEMPLES.

on écrit	*on prononce*
Apt *ville*	At
baptême	batême
compte	conte
ptiſane	tiſane
préſomptif	préſomtif
ſomptueux	ſomtueux
ſept	ſet
ſeptième	ſetième
ſymptôme	ſymtôme
ſculpteur	ſculteur
ſculpture	ſculture.

p ſe prononce à la fin des monoſyllabes, avant une voyelle ou une *h* non aſpirée.

EXEMPLES.

trop aimable	trop habile
trop étourdi	trop héroïque.
trop inſolent	trop hiſtorié
trop opulent	trop honorable
trop utile	trop humain.

p ne ſe prononce pas avant une conſonne ou une *h* aſpirée.

trop badin	trop hardi
trop délicat	trop hériſſé
trop difficile	trop hideux
trop colere	trop honteux
trop durement	trop hupé.

on ne prononce point le *p* dans le mot *loup*.

---

q ſe prononce à la fin des mots *cinq* & *coq*, lorſqu'ils ſont avant une voyelle ou une *h* aſpirée.

cinq amandes	un coq étranger
cinq hommes	un coq irrité.

q ne ſe prononce point devant une conſonne.

on écrit	*on prononce*
cinq figues	cin figues
cinq pommes	cin pommes
un coq d'inde	un co d'inde.

qua ſe prononce dans les mots ſuivants.

on écrit	*on prononce*
aquatique	accouatique
équateur	écouateur
équation	écouation
quadragénaire	couadragénaire
quadrangulaire	couadrangulaire
quadrageſime	couadrageſime
quadrature	couadrature
quadrupède	couadrupède
des in-quarto	des in-couarto

quinqua ſe prononce *coin-coua* dans les mots ſuivants.

on écrit	*on prononce*
quinquagenaire	couincouagénaire
quinquagéſime	couincouagéſime
quinconce	cuinconce
Quintilien	Cuintilien
Quinte-curce	Cuinte-curce
équeſtre	écueſtre
queſteur	cueſteur

r ſe prononce doucement à la fin des mots, lorſqu'il ſuit une voyelle ou une *h* non aſpirée.

aimer ardemment
ſervir efficacement
partir incognitò
parler obligeamment
ſe préſenter humblement
arriver heureuſement
ſe retirer honnêtement

r ne ſe prononce point lorſqu'il eſt ſuivi d'une conſonne ou d'une *h* aſpirée.

on prononce ſans *r*

aimer tendrement
ſervir proprement
partir ſecrètement
parler facilement
ſe préſenter hardiment
publier hautement
ſe retirer honteuſement

deux *ſſ* entre deux voyelles ſe prononcent toutes deux	*ſ* entre *deux* voyelles a le ſon d'un *z*
baſſe	bâſe
baſſin	bâſin
boiſſeau	oiſeau
buiſſon	oiſon
caſſer	cauſer
chauſſe	choſe
couſſin	couſin
écreviſſe	égliſe
maſſue	mâſure
moiſſon	maiſon
poiſſon	poiſon
roſſe	roſe
ruiſſeau	roſeau
taſſe	extâſe
vaſſal	vâſe

il faut excepter

châſſe	Aſdrubal
réſuſciter	diſgrace
préſéance	presbytere
préſentir	tranſiger
préſentiment	tranſaction
	tranſition
	Tiſbé
	tranſvâſer

ſ ſe prononce à la fin des mots, lorſqu'il ſuit une voyelle ou un *h* non aſpirée.

bons amis
grands ennemis
gros intérêts
petits obſtacles
anciens uſages
longues habitudes
premiers honneurs
après eux
mes ouvrages
les officiers
les affronts
leurs amis
les ennemis
nos enfans
bonnes affaires
tes offres
ſes appas
tous enſemble
très éloquent
très-honnête
vous & moi
ils ifont
elles en font

exception pour le diſcours familier où l'on dit ſans s.

ſages & vertueux
belles & bonnes
bonnes à manger
douces au goût.

comme s'il y avoit

ſage & vertueux
belle & bonne
bonne à manger
douce au goût.

ſ ſe prononce toujours à la fin des mots.

Agnus
Bacchus
Bolus
Cadmus
Créſus
Darius
Danaüs
Iris, Mars
Momus
Phalaris
Pirithoüs
Romulus
Sémiramis.

ſc ſe prononce *ſq* dans les mots ſuivants.

ſcaramouche
ſcapulaire
Scamandre
ſcandale
ſcarification
Scaron
ſcribe
Scot
ſcorbut
ſcorpion
ſculpteur
ſcrupule
ſcrutin

ſc ſe prononce *ſç*, dans les mots ſuivants

ſçavant
ſçavoir
ſcélérat
ſcène
ſcèptre
ſceaux
ſcier
ſcience
ſcieure
ſcion
faiſceaux

on écrit

ſchiſme

on prononce

chiſme.

Quelquefois *t* ne ſe prononce point à la fin des mots.

EXEMPLES.

avant	
aſpect	aſpect agréable
diſtrict	diſtrict étendu
inſtinct	inſtinct admirable
reſpect	reſpect infini
ſuſpect	ſuſpect en tout.

t ſe prononce à la fin des mots, lorſqu'il ſuit une voyelle ou une *h* non aſpirée.

EXEMPLES.

fort aimable
fort entier
tout entier
cent hommes
petit ignorant
ſavant écrivain
ſavant homme

t ne ſe prononce point, lorſqu'il ſuit une conſonne ou une *h* aſpirée.

EXEMPLES.

fort content
fort honteux
tout nouveau
tout hors d'haleine
petit faquin

il faut auſſi dire ſans *t*

un fort imprenable
un enfant inſtruit
un port à couvert
ſavant & poli, &c.

tia ſe prononce auſſi *ſia*

EXEMPLES

Aſtianax	Abbatial
beſtial	initial
beſtialité	Martial
tiâre	nuptial

tie se prononce aussi *sie*.

EXEMPLES.

amnistie	aristocratie
amitié	balbutier
amortie	démocratie
hostie	essentiel
moitié	ineptie
ortie	initier
partie	minutie
rôtie	prophétie.

tio se prononce *sio*.

EXEMPLES.

bastion	action
combustion	collation
gestion	faction
question	nation.

tieux se prononce toujours *sieux*

EXEMPLES.

ambitieux
captieux
facétieux
factieux
séditieux

tien se prononce toujours *tien*.

EXEMPLES.

chrétien
entretien
maintien
soutien.

à l'exception des deux mots

Capétien
Egyptien.

u forme un son séparé de l'*i*, dans les mots suivants.

Ambiguité, aiguille, aiguiser, appui, autrui, aujourd'hui, buisson, conduire, cuivre, fluïde, Guise, instruire, luire, muids, nuire, puise, ruine, suivre, suicide, traduire, &c.

l'*u* se confond avec l'*i* dans les mots suivants.

anguille, béguine, béquille, bourguignon, déguiser, figuier, guide, guider, Guillaume, guillemet, guise, sanguinaire, vuide, vuider, &c.

x se prononce *es* dans les mots suivants.	x se prononce *gz* dans les mots suiv.	z a le son de deux *ss* dans les mots suiv.	x a le son du z dans les mots suivants.
			on écrit, on prononce
Alexandre	examen	Auxerre	sixain sizain
Alexis	exemple	Bruxelles	sixième sizième
Axiome	exiler		dixain dizième
auxiliaire	exorde	& le son d'une *s dans les* mots suiv.	beaux yeux
fixer	exhumer		officieux ami
taxer		Xaintonge	généreux ennemis
		soixante	précieux office
z rend fermé l'*e* qui le précéde dans les mots suivants.	z rend ouvert l'*e* qui le précede dans les mots suiv.		
allez-y	Sanchez		
venez-y	Rodriguez		

y a le son de deux *ii* entre deux voyelles.	*y* n'a que le son d'un *i* entre deux consonnes.	lorsqu'une voyelle a deux points elle doit être prononcée séparément de celle qui la précede.
		EXEMPLES.
aboyer.	amygdales	
Bayonne	collyre	
bégayer	diachylon	athéïsme poëte
crayonner	hydropisie	Caën Pirithoüs
employer	lymphe	déïste Raphaël
fayancier	olympe	haïr Saül
larmoyer	physique	Judaïque stoïcien
moyen	sympathie	laïque
noyer	symptômes	Moïse
payer		naïf
rayonner		païs

INSTRUCTION

Pour les Perſonnes qui enſeignent á lire.

POUR mieux faire connoître aux enfants les voyelles longues & celles qui ſont brèves, il faut enfin leur mettre ſous les yeux un petit extrait du traité qu'en a fait M. l'abbé d'Olivet. C'eſt un ouvrage neuf & précieux, qui devroit être entre les mains de tous ceux qui ont le goût de notre langue.

M. l'Abbé d'Olivet diviſe les voyelles en longues, brèves & douteuſes ; mais pour ne point embarraſſer les enfants, on ne les diviſe ici qu'en longues & brèves.

PROSODIE FRANÇAISE.

A, premiere lettre de notre alphabet, long.
Un petit a,
un grand a,
une panse d'a (*),
il ne sçait ni a ni b.

A, long *dans*
âcre, âge, agnus,
ame, âne, anus,
âpre, &c.

Abe, long *dans*
Arabe, astrolabe.

Able, long *dans*
cable, diable, érable, fable, rable, sable, on accable.

Abre, toujours long,
cinabre, sabre, il se cabre, délabre se cabrer.

A *préposition & verbe* est bref.
Je suis à Paris,
j'écris à Rome,
il a été,
il a parlé.

A, long *dans*
Apôtre, apprendre, altéré, il chante, &c.

Abe, bref *dans*
syllabe, syllabaire.

Able, bref *dans*
aimable, capable, durable, raisonnable, table, étable.

Ac, toujours bref,
Almanac, bac, sac, estomac, tillac.
les pluriels toujours longs.

(*) *Panse* veut dire *ventre*. Il signifie ici la partie de la lettre qui avance, cela veut dire, il n'a pas fait la moitié d'une lettre.

ACE, long *dans* espace, grace, on lance, on délace, on entrelace,

ACE, bref *dans* audace, glacé, préface, tenace, vorace, place.

M. Despréaux ne connoissoit point sans doute cette délicatesse, lorsqu'il a fait rimer *préface* avec *grace* :

Un auteur à genoux dans une humble Préface,
Au lecteur qui l'ennuie à beau demander grace.

ACHE, long *dans* lâche, gâche, tâche, se fâcher, mâcher, relâcher, &c.

ACHE, bref *dans* tache, moustache, vache, Eustache, il se cache, &c.

ACLE, toujours long, racler, oracle, miracle, obstacle, spectacle, tabernacle.

ACRE, long dans âcre, *piquant*, sacre, *oiseau*.

ACRE, bref *dans* acre, *terre* diacre, nacre, sacre *du Roi*.

ADE, toujours bref, aubade, cascade, fade, sérénade : il persuade, &c.

ARE, long *dans* cadre, efcadre, quadrer, encadrer, madré,	ADRE, bref *dans* ladre.

AFFE, APHE, AFFRE, toujours brefs : caraffe, épitaphe, agraffe, faffre, balaffre, &c.

AFLE long *dans* rafle, je rafle, rafler, érafler.	
AGE, long *dans* âge.	AGE, bref *dans* rage, page.
AGNE, long *dans* je gagne, gagner.	AGNE, bref *dans* campagne, Afcagne.
	AGUE, bref *dans* bague, dague, vague, extravaguer, &c.
	AIGNE, toujours bref: châtaigne, baigner, daigne, faigner.
AIGRE, long *dans* maigre, maigreur.	AIGRE, bref *dans* aigre, vinaigre,
	AIL, bref *dans* bercail, bétail, éventail, &c. *Les pluriels longs.*

AILLE, long *dans* bataille, caille, maille, railler, rimailler, &c.	AILLE, bref *dans* médaille, émailler, travailler, *& aux indicatifs*; je détaille, j'émaille, je bataille.

AILLET & AILLIR toujours brefs: maillet, paillet, j'aillir, assaillir.

AILLON, long *dans* baillon, haillon, penaillon, nous taillons,	AILLON, bref *dans* bataillon, médaillon, émaillons, detaillons, travaillons, &c.
AINE, long *dans* chaîne, haîne, gaîne, je traîne.	AINE, bref *dans* fontaine, plaine, capitaine, hautaine, souveraine.
AIRE, long *dans* une aire, chaire, une paire, il éclaire.	AIR, bref *dans* l'air, chair, éclair, pair.
AIS, AISE, AISSE, toujours longs: palais, plaise, caisse, qu'il paisse.	
AIT, AITE, brefs *dans* il plaît, il naît, il paît, faîte, attraits, parfaits, &c.	AIT, AITE, bref *dans* attrait, il fait, lait, parfait, parfaite, retraite.

ALE, long *dans* hâle, pâle, mâle, râle, râler, hâlé, pâleur, &c.	AL, ALE, ALLE, brefs *dans* royal, bal, moral, cigale, malle, ſcandale, &c.
AME, AMME, longs *dans* ame, infâme, blâme, flamme, nous aimâmes, nous chantâmes, *& tous les prétér. en* âmes.	AME, AMME, brefs *dans* dame, épigramme, eſtame, rame, enflammer, j'enflamme, &c.
ANE, ANNE, AMN, longs *dans* crâne, les mânes, de la manne, damner, condamner, &c.	ANE, ANNE, brefs *dans* cabane, organe, organiſte, panne, pannetier.
APE, long *dans* râpe, râpé, râper.	APE, APPE, brefs *dans* Pape, frappe, frapper, ſappe, ſapper.
ARE, ARRE, longs *dans* avare, barbare, barre, biſarre, je m'égare, tiare, barreau, barrière, larron, carroſſe, carrière.	ARE, ARRE brefs *dans* avarice, barbarie, je m'égarois, amarrer, &c.
AVE, long *dans* conclave, entrave, grave, je pave, &c.	AV, AVE, brefs *dans* conclaviſte, gravier, aggraver, paveur, &c.

ECS, longs *dans* les Grecs, les échecs.	EC, bref *dans* sec, Grec, échec.
	EBLE, EBRE, ECE, brefs *dans* hièble, funèbre, nièce, pièce.
ECHE, long *dans* bêche, lêche, griè-che, revêche, pê-che, *fruit, ou l'ac-tion de prendre le poisson.*	ECE, bref *dans* calèche, flèche flamèche, sèche, brèche, péché, pé-cher.

ECLE, EDE, EDER, bref *dans* siècle, tiède, remède, céder, posséder, &c.

É, toujours long *à la fin des mots* pensée, aimée;

& ainsi des autres voyelles suivies d'un e muet, lie, jolie, nue, &c.

EFS, EFFE, longs *dans* chef, greffe, &c.	EF, EFFE, bref *dans* chef, bref, effet, &c.
EFLE, long *dans* nefle.	EFFLE, bref *dans* treffle.
EGE, long *dans* collége, sacrilége, siége, &c.	EGE, EGLE, EIGLE, brefs *dans* léger, règle, seigle, &c.

EGNE, long *dans* règne, douègne, &c.	EGNE, EIGNE, brefs *dans* impregne, peigne, enſeigne, qu'il feigne.
	EGRE, EGUE, brefs *dans* alléguer, begue, collègue, intègre, negre, &c.
EIL, EILLE, longs *dans* vieil, vieillard, vieilleſſe.	EIL, EILLE, brefs *dans* ſoleil, abeille, ſommeille, &c.
EIN, EINT, longs *au pluriel :* dépeints, deſſeins, ſereins.	EIN, EINT, brefs *dans* atteint, dépeint, deſſein, ſerein, &c.
EINE, long *dans* reine.	EINE, *preſque* bref *dans* peine, veine.
EINTE, toujours long: atteinte, dépeinte, feinte, &c.	
ELE, ELLE, longs *dans* zêle, poêle, frêle, pêle-mêle, il grêle, il ſe fêle, paralelle.	ELE, ELLE, brefs *dans* modèle, fidèle, immortelle, rebèle, &c.
EM, EN, long *dans* temple, exemple gendre, prendre cimenter, tenter.	EM, EN, brefs *lorſque la conſonne eſt redoublée, comme dans*

	emmener, ennemi. *& à la fin des mots* item, amen, examen, hymen, Bethléem.
EME, long *dans* apozême, baptême, chrême, diadême	ÈME, bref *dans* je sème, tu sèmes, il sème, &c.
ENE, ENNE longs *dans* alène, chêne, ſcène, gêne, frêne, Athènes, antennes,	ENE, ENNE, brefs *dans* qu'il apprenne, étrenne, phénomène, qu'il prenne, &c.
EPE, EPRE, longs *dans* crêpe, guêpe, vêpres.	EPRE, bref *dans* lèpre, lépreux, &c.
	EPTE, EPTRE, toujours brefs, il accepte, ſceptre, ſpectre, précepte.
EQUE, long *dans* Evêque, Archevêque.	ÈQUE, ECQUE, brefs *dans* Grecques, bibliothèque, obſeques.
ER, long *dans* amer, enfer, hiver, verd, léger, &c.	ER, bref *dans* Jupiter, Eſther, *& dans les infinitifs* louer, manger, &c.

	ERC, bref *dans* clerc, &c.
ERE, ERR, longs *dans* chimère, pere, il erre, il espere, sincère, perruque, nous verrons.	ERE, ERR, brefs *dans* chimérique, espérer, sincérité, erreur, erroné, errata, &c.
ESE long *dans* il pèse.	ESE, bref *dans* pese-t-il ?
ESSE, long *dans* abbesse, professe, compresse, on me presse, expresse, cesse, lesse.	ESSE bref *dans* caresse, paresse, tendresse, adresse, &c.
	ESTE, ESTRE, brefs *dans* modeste, leste, terrestre.
ET, EST, long *dans* arrêt, benêt, forêt, genêt, prêt, acquêt, apprêt, intérêt, têt, protêt, il est, &c.	ET, bref *dans* cadet, bidet, sujet, hochet, marmouzet, &c.
& dans les pluriels.	
ETE, long *dans* bête, fête, honnête, boëte, tempête, quête, arrêté, &c.	ETE, bref *dans* Prophête, poëte, comête, tablette, houlette.

ETRE, long *dans* être, ancêtre, salpêtre, fenêtre, prêtre, hêtre, champêtre, guêtre, je me dépêtre.	ETRE, ETTRE, brefs *dans* diamêtre, il pénètre, lettre, mettre, &c.
EULE, long *dans* meule, veule, &c.	EULE, brefs *dans* seule, gueule, &c.
EUNE, long dans jeûne, *abstinence.*	EUNE, brefs *dans* jeune, *en parlant de la jeunesse.*
EURE, long *dans cette fille est* majeure, *j'attends depuis une* heure.	EURE, bref *dans* la majeure, *une* heure *entière.*
EVRE, long *dans* orphèvre, lièvre, chèvre, bièvre.	EVR, EVRE, brefs *dans* levrette, chévrier, levraut, chévreuil.
IDRE, YDRE, longs *dans* hydre, cidre.	YDRE, bref *dans* hydromel, *& partout ailleurs.*
IE, long *dans* il crie il prie, vie, saisie.	IE, bref *dans* crier, prier, &c.
IGE, long *dans* tige, prodige, litige, je m'oblige, il s'afflige.	IGE, bref *dans* obliger, s'affliger, &c.

ILE

ISLE, long *dans* isle, presqu'isle, &c.	ISLE, bref *par tout ailleurs.*
IRE, long *dans* empire, cire, écrire, il soupire, il desire.	IRE, bref *dans* soupirer, desirer, &c.
ITE, ITRE, longs *dans* benîte, gîte, regître, vîte, &c.	ITE, ITRE, brefs *dans* bénitier, réitérer, titre, arbitrage, &c.
IVE, IVRE, longs *dans* tardive, captive, Juive, vivre.	IVE, IVRE, brefs *dans* captiver, captivité, ivresse, &c.
O, long *dans* oser, osier, ôter, hôte, &c.	O, bref *par tout ailleurs, & au commencement des mots* hôtel, hôtellerie.
OBE, long *dans* globe, lobe, &c.	OB, OBE, brefs *dans* globule, obélisque, *& par tout ailleurs.*
ODE, long *dans* roder, je rode.	ODE, bref *dans* mode, antipode.
OGE, long *dans le seul mot*, le Doge.	OGE, bref *dans* éloge, horloge, déroger, *& par tout ailleurs.*
OGNE, long *dans* je rogne.	OGNE, bref *dans* trogne, Bourgogne, *& par tout ailleurs.*

OIENT, long *au pluriel* : ils avoient, ils chantoient.	OIT, bref *au ſingulier* il avoit, il chantoit.
OIN, long *dans* oint, moins, joindre, pointe.	OIN, bref *dans* loin, beſoin, moins, jointure, appointé.
OIR, OIRE, longs *dans* boire, gloire, dortoir, hiſtoire, mémoire.	OIR, OIRE, brefs *dans* eſpoir, terroir, territoire, écritoire.
OIS, toujours long *à la fin d'un mot*; Anglais, bourgeois, Français.	OIS, bref *dans* bourgeoiſie, foiſon, foiſonner.
OLE, long *dans* drôle, geôle, môle, contrôle, rôle, il enjôle, il enrôle, il vôle, *de* voler *en l'air*.	OL, OLE, OLLE, brefs *dans* géolier, contrôleur, rolet, il vole, (*il dérobe.*)
OM, ON, longs, *lorſque l'*m *ou l'*n *n'eſt pas redoublée, comme dans* bombe, conte, monde, &c.	OM, ON, brefs *lorſque l'*m *ou l'*n *eſt redoublée, comme dans* ſommeil, connoître, monnoie, je ſonnois.
OME, ONE, longs *dans* atôme, axiô-	OME, ONE, brefs *lorſque la conſonne*

me, amazône, prône, aumône, &c.	*est redoublée*, somme, pomme, consonne, couronne, &c.
OR, ORE, ORPS, ORS, longs *dans* encore, hors, corps, pécore, je décore.	OR, ORE, brefs *dans* encor, décoré, évaporé, &c.
OT, long *dans* dépôt, impôt, prévôt, entrepôt, rôt, tôt.	OT, bref *dans* despote, impotent, dépot, roti, prévotal.
OTE, long *dans* côte, côté, hòte, j'òte, note, maltôte.	OTE, bref *lorsque la consonne est redoublée*, hotte, cotte, & *dans les mots* flotte, note, motet, &c.
OTRE, long *avec l'accent circonflexe*: le nôtre, le vòtre, Apôtre.	OTRE, bref *lorsqu'il n'a point d'accent*, notre ami, votre affaire.
OUE, OUDRE, longs *dans* poudre, moudre, résoudre, il loue, roue.	OUL, OUDRÉ, OUÉ, brefs *dans* poudré, moulu, loué, roué, &c.

OUILLE, long *dans* rouille, j'embrouille, il débrouille, &c.	OUILL, bref *dans* rouillé, brouillon, brouillard, &c.
OURRE, long *dans* de la bourre, il bourre, il fourre qu'il courre.	OURR, bref *dans* bourrade, courrier, rembourré, &c.
OUSSE, long *dans* pouſſer, je pouſſe, &c.	OUSS, OUSSE, brefs *dans* touſſer, je touſſe, couſſin, &c.
OUTE, long *dans* joûte, je goûte, croûte, voûte, il ſe dégoûte.	OUTE, bref *dans* ajouter, couter, couteau, il doute.
OUTRE, long *dans* coutre, poutre.	OUTRE, bref *dans* outré, outrance, *& par tout ailleurs.*
UCHE, long *dans* bûche, embûche, on débûche, &c.	UCHE, bref *dans* bucher, bucheron, débucher, &c.
UE, toujours long *dans* vue, cohue, tortue, on diſtribue, &c.	UE, *preſque* bref *dans le ſeul mot* écuelle.
UGE, long *dans* déluge, refûge; juge, ils jugent.	UGE, bref *dans* juger, réfugier, &c.

ULE, long *dans* brûler, je brûle.	ULLE, ULE, bref *dans* bulle, mule, &c.
UM, UME, UN, longs *dans* humble, j'emprunte, parfums, bruns, nous reçumes, nous ne pûmes, &c.	UM, UME, UN, brefs *dans* humblement, brume, parfumé, brune, pétun, pétune, un, une, dunes, hunes.
URE, long *dans* augure, parjure, on assure, &c.	URE, bref *dans* augure, parjurer, assurer, &c.
USE, long *dans* excuse, je récuse, muse, ruse, incluse, &c.	USE, bref *dans* excuser, récuser, refuser, &c.
USSE, long *dans* je pusse, je connusse, ils accourussent, &c.	UCE, bref *dans* aumuce, astuce, puce, &c.
UT, long *dans tous les verbes au subjonctif*, qu'il fût, qu'il mourût, & *dans le seul mot* fût, &c.	UT, bref *dans tous les verbes à l'indicatif*, il fut, il mourut, & *dans les substantifs* affut, scorbut, &c.

INSTRUCTION

Pour les Personnes qui enseignent à lire.

LA page 103 présente un petit tableau de chiffres Romains & Arabes, depuis un jusqu'à mille. Il faut donner de bonne heure ces petites notions aux enfants pour les initier au calcul & à la numération : ce travail est l'affaire de la main, soit au crayon, soit à la plume.

Cette leçon est suivie de l'explication des abréviations qui se rencontrent souvent dans les livres & dans les gazettes. Il ne faut point négliger de les leur faire connoître : on leur épargnera par-là, la petite mortification de se trouver arrêtés, quand les abréviations se présentent.

CHIFFRES ROMAINS ET ARABES.

Romain.		*Arabe.*	*Romain.*		*Arabe.*
I	un	1	XXI	vingt-un	21
II	deux	2	XXII	vingt-deux	22
III	trois	3	XXIII	vingt-trois	23
IV	quatre	4	XXIV	vingt-quatre	24
V	cinq	5	XXX	trente	30
VI	ſix	6	XL	quarante	40
VII	ſept	7	L	cinquante	50
VIII	huit	8	LX	ſoixante	60
IX	neuf	9	LXX	ſoixante-dix	70
X	dix	10	LXXX	quatre-vingt	80
XI	onze	11	XC	quatre-vingt-dix	90
XII	douze	12	C	cent	100
XIII	treize	13	CXX	cent vingt	120
XIV	quatorze	14	CL	cent cinquante	150
XV	quinze	15	CC	deux cents	200
XVI	ſeize	16	CCC	trois cents	300
XVII	dix-ſept	17	CD	quatre cents	400
XVIII	dix-huit	18	D	cinq cents	500
XIX	dix-neuf	19	DC	ſix cents	600
XX	vingt	20	M	mille	1000

ABRÉVIATIONS

Qui se rencontrent le plus ordinairement dans les livres, & principalement dans les Gazettes.

J. C.	JESUS-CHRIST.
N.S.J.C.	Notre-Seigneur Jesus-Christ.
S. M.	Sa Majesté.
LL. M.	Leurs majestés, le Roi & la Reine.
V. M.	Votre Majesté, en parlant au Roi.
LL.H.P.	Leurs Hautes Puissances, en parlant de la Hollande; on dit encore, en parlant d'elle,
L.É.G.	Les États-Généraux.
L.P.O.	La porte Ottomane, ou simplement la Porte. C'est la Cour du Grand Seigneur.
Mgr.	Monseigneur. On donne ce titre au fils aîné de France Mgr. le Dauphin, pour le distinguer des autres Princes, auxquels on donne celui d'Altesse.
Mad.	Madame, en parlant à la Reine
Mesd.	Mesdames, en parlant de nos Dames de France.

Mlle.	Mademoiſelle.
N. D.	Notre Dame, la Sainte-Vierge.
Le P. R.	Le Prince Royal, le fils aîné du Roi de Suède, & celui du Roi de Pruſſe.
La R. P. R.	La Religion Prétendue Réformée.
S. A.	Son Alteſſe. } C'eſt le titre des Princes & Princeſſes du Sang.
V. A.	Votre Alteſſe.
S. A. Elect.	Son Alteſſe Electorale. C'eſt le titre des Princes Électeurs de l'Empire.
S. A. Em.	Son Alteſſe Eminentiſſime, en parlant d'un Cardinal.
S. A. R.	Son Alteſſe Royale, c'eſt le titre des Princes & des Princeſſes du ſang.
	Nota, C'eſt auſſi le titre des Electeurs qui ſont Rois, quand on n'en parle que comme Electeurs.
S. A. S.	Son Alteſſe Séréniſſime.
V. A. S.	Votre Alteſſe Séréniſſime, en parlant aux Princes.
S. Em.	Son Eminence. } En parlant d'un ou à un Cardinal.
V. Em.	Votre Eminence.
S. Exc.	Son Excellence. } En parlant aux Ambaſſadeurs Plénipotentiaires.
V. Exc.	Votre excellence.

S. G.	Sa Grandeur.
V. G.	Votre Grandeur.
S. H.	Sa Hauteſſe, en parlant de l'Empereur des Turcs.
S. M. B.	Sa Majeſté Britannique, le Roi d'Angleterre.
S. M. C.	Sa Majeſté Catholique, le Roi d'Eſpagne.
S. M. T. C.	Sa Majeſté Très-Chrétienne, le Roi de France.
S. M. D.	Sa Majeſté Danoiſe, le Roi de Danemark.
S. M. Imp.	Sa Majeſté Impériale, l'Empereur.
S. M. Nap.	Sa Majeſté Napolitaine, le Roi de Naples.
S. M. Pol,	Sa Majeſté Polonaiſe, le Roi de Pologne.
S. M. Port.	Sa Majeſté Portugaiſe, le Roi de Portugal.
S. M. Pr.	Sa Majeſté Pruſſienne le Roi de Pruſſe.
S. M. Suéd.	Sa Majeſté Suédoiſe, le Roi de Suéde.
Sire.	En parlant au Roi de France.
S. S.	Votre Sainteté, en lui parlant.
Le S. P.	Le Saint Père, en parlant du Pape.

V. G.	Votre Grandeur, en parlant aux Archevêques, Evêques, Miniſtres, Ducs, Maréchaux de France, Généraux d'Armée.
Don *ou* Dom,	mot Eſpagnol, qui ſignifie *Monſieur*. On donnoit ce titre aux Bénédictins, Chartreux, Bernardins & Barnabites.
Le T. R. P.	Le Très-Révérend Père, ou le Révérendiſſime Père : on donnoit ce titre aux Religieux diſtingués dans leur ordre.
La R. M.	La Révérende Mère : on donne ce titre aux Religieuſes ; elles ſe le donnent elles-mêmes entr'elles.

Fin de la première Partie.

LES VRAIS PRINCIPES *DE LA LECTURE,* DE L'ORTOGRAPHE ET *DE LA PRONONCIATION* FRANÇAISE.

SECONDE PARTIE.

INSTRUCTION

Pour les personnes qui enseignent à lire.

ON a renfermé dans la premiere Partie des VRAIS PRINCIPES DE LA LECTURE tout ce qui regarde la prononciation de la Langue Françaife : on s'eſt attaché dans cette ſeconde Partie, à donner aux jeunes perſonnes une idée de nos connoiſſances. Les pages ſuivantes contiennent une ſuite de pièces de lecture ſur différents mots rangés ſuivant l'ordre alphabétique. On n'a eu d'autre objet que de donner aux enfants de ſimples notions relatives aux arts, aux ſciences, à la Religion, à la guerre, au commerce, & généralement à tout ce dont il eſt néceſſaire & agréable d'avoir quelques idées nettes & préciſes.

Il ſeroit important, pour un enfant, que ſon maître s'arrêtât avec lui à conſidérer chacun de ces différents objets, & à les retourner, pour ainſi dire, ſous ſes yeux; ce ſont autant de germes qui jettés adroitement dans l'eſprit, ſont bien propres à l'enrichir, & à lui donner de la fécondité.

PETITES PIECES DE LECTURE.

L'Agriculture.

ON pourroit absolument se passer de certaines connoissances, qu'on ne recherche que pour l'ornement de l'esprit; mais l'agriculture en est une nécessaire, puisqu'elle enseigne à faire produire à la terre, les grains, les fruits & les légumes. C'est aussi par les soins de l'agriculture que nous avons des arbres assez forts pour construire des maisons, & pour d'autres usages.

L'Algèbre.

On trouve dans l'Algèbre une façon de calculer plus prompte & plus étendue encore que dans l'arithmétique; mais l'Algèbre est une science qui paroît si difficile, qu'on dit communément de quelque chose qu'on a de la peine à comprendre; *c'est de l'Algèbre.*

L'Anatomie.

Le corps humain est composé de tant de parties, qu'il faut une longue étude pour les connoître, & une grande expérience pour sçavoir quelles sont leurs fonctions. L'Anatomie qui donne cette connoissance a plusieurs divisions, dont la principale est l'ostéologie, qui enseigne à l'Anatomiste à distinguer les différentes propriétés des os.

L'Arithmétique.

On peut dire que l'Arithmétique ou l'art de chiffrer est une des plus utiles sciences. C'est en suivant ses principes qu'on compte avec certitude, & suppute d'un trait de plume les nombres les plus divisés. Les caractères qu'on emploie pour compter, sont de deux espèces. Le chiffre arabe dont on se sert communément, & le chiffre romain ou chiffre de finance. Tel est celui qui marque l'heure sur nos cadrans.

L'Architecture.

Si l'on veut bâtir solidement une maison, la rendre commode, & l'orner avec goût, il faut se rendre familières les règles de l'Architecture. Les Architectes, avant que de commencer un bâtiment, en tracent sur le papier les plans & les élévations.

On appelle Architecture civile, l'art de construire les maisons; comme on appelle Architecture militaire, l'art de fortifier les places. Les ouvriers employés aux bâtiments, travaillent sous les ordres de l'Architecte.

Les Arts & les Métiers.

On nomme Arts & Métiers ce qui fait l'occupation des artiſans & des ouvriers. Il y a peu de ces métiers qui ne tiennent aux mathématiques, ou à quelque autre ſcience. Les manufactures ſont des maiſons où l'on raſſemble pluſieurs ouvriers pour la même entrepriſe. Telles ſont les manufactures de glaces, de fer-blanc, de verres, de draps, de tapiſſerie, &c.

L'Artillerie.

On ne ſçauroit s'emparer d'une place forte ſans le ſecours du canon, des bombes, des grénades, & des autres machines de guerre qui ſont en uſage pour détruire les remparts, & brûler les villes qui font réſiſtance.

On comprend dans l'Artillerie l'art de conſtruire ces machines, & la perfection des différentes manœuvres qu'on emploie pour s'en ſervir avec ſuccès.

L'Aſtronomie.

Les Aſtres ont une grandeur déterminée, dont les Aſtronomes rendent un compte exact, & ils connoiſſent ſi bien la diſtance & le cours de ces aſtres, qu'ils annoncent une éclipse qui ne doit paroître que dans cent ans, dans mille ans.

Le progrès que l'on fait dans l'étude de la sphère, sert beaucoup à l'intelligence de l'astronomie.

L'Astrologie.

Plus on a d'admiration pour la certitude de l'astronomie, plus on a de mépris pour la fausseté de l'astrologie judiciaire. Les Astrologues prétendent lire dans les astres le bonheur ou le malheur de ceux qui ont la foiblesse de les consulter ; mais toutes les sciences qui ont la divination pour objet, telles que la chiromancie, la négromancie, la cabale & quelques autres encore, sont des sciences que les gens sensés ne connoissent que pour en faire sentir le ridicule.

Les Belles-Lettres.

Connoître les Auteurs qui ont écrit en prose ou en vers, dans quelque langue que ce soit, c'est sçavoir les Belles-Lettres. On donne le titre d'hommes lettrés à ceux qui ont lu avec réflexion, & qui ont retenu ce qu'il y a de meilleur dans les livres. Rien ne fait tant d'honneur que d'être en état de citer à propos quelques vers ou quelques phrases d'un Auteur.

C'est ce qu'on appelle avoir de l'érudition.

Le Blason.

Chaque Royaume, chaque Ville, chaque Communauté, chaque famille, a une marque particulière qu'on grave, qu'on brode ou qu'on peint sur ce qui leur appartient; ces marques sont connues sous le nom d'armes ou d'armoiries.

L'art héraldique, ou le blason, apprend à nommer en termes propres ou particuliers toutes les parties qui composent ces armoiries. Pour blasonner les armes de France, par exemple, on dira qu'elles sont d'*azur à trois fleurs de lys d'or.*

La Botanique.

Une partie des plus essentielles de l'agriculture, & la plus utile à la Médecine, c'est sans contredit la Botanique.

Nous connoissons environ six mille plantes. Un Botaniste doit en distinguer les noms & les especes, & doit sur-tout sçavoir quel est l'usage de chacune de ces plantes.

La Botanique s'appelle aussi la connoissance des Simples.

La Chymie.

Les trois regnes de l'histoire naturelle sont l'occupation de la Chymie. Elle distille les plantes, pour en ſéparer le pur & l'impur; elle travaille les métaux pour les rendre plus parfaits. Différentes parties des animaux ſont auſſi miſes en œuvre par les Chymiſtes. Les opérations qui ne tendent qu'à la compoſition des médicamens, appartiennent à la Pharmacie, qu'on appelle auſſi apothicairerie & pharmacopée.

La Chirurgie.

Un chirurgien doit avoir une connoiſſance parfaite de l'Anatomie, pour réparer les accidens qui peuvent arriver à chaque partie du corps; il panſe les plaies, il redreſſe & rétablit les membres offenſés ou rompus. Toutes les opérations, enfin, qu'on eſt obligé de faire ſur le corps humain, ſont enſeignées par la Chirurgie.

Le Commerce.

Sans le Commerce, nous manquerions d'un grand nombre de choſes qui viennent des pays étrangers; les étrangers manqueroient auſſi de tout ce qu'ils tirent de chez nous.

Acheter des étoffes, des meubles, des denrées dans tous les pays, & dans toutes les villes du monde; envoyer dans ces pays & dans ces villes, des marchandiſes pour y gagner, c'eſt faire le commerce; c'eſt être dans le négoce. Les Banquiers commercent auſſi en argent, par le moyen des lettres de change.

La Critique.

Il ſemble qu'il ſoit aiſé de critiquer les actions, ou les ouvrages qui méritent de l'être, & rien ne demande plus d'art & de ménagement pour le faire, de façon que ceux même qui ſont critiqués, ne puiſſent s'en plaindre.

La critique eſt de tous les talens le plus dangereux; & l'on ne peut en éviter les inconvénients, qu'en l'accompagnant de toute la politeſſe poſſible.

La Chronologie.

Les événements dont parle l'hiſtoire, ſont arrivés dans des temps différents, qu'il eſt important de retenir pour ne pas les confondre. L'exactitude dans les citations qu'on fait de ces temps, ſe nomme Chronologie.

Un Chronologiſte ſçait dans quels temps la ville de Rome a été bâtie; en quelle année Jeſus-Chriſt eſt mort; quel jour Louis XV fut ſacré roi de France, & généralement les dates préciſes de chaque trait d'hiſtoire.

La Danse.

Tout le monde connoît la danse ; on sçait que c'est l'art de former, au son des instruments, différents pas, qui doivent toujours conserver les graces de la belle nature.

Mais bien des gens ignorent que la chorégraphie apprend à tracer & à distinguer sur le papier, les différentes figures de toutes sortes de danses & de ballets les plus composés.

Le Dessin.

Nous connoissons peu d'arts qui puissent se passer du dessin. Tracer au crayon la vue d'une campagne, une figure, la façade d'une maison, d'un jardin, les fleurs d'une étoffe, est ce qu'on appelle dessiner.

Il y a des Dessinateurs qui ne travaillent que pour l'Architecture ; les uns pour le paysage ; & les autres pour l'ornement.

La Déclamation.

Les discours composés selon les regles de la rhétorique, se prononcent avec une exactitude, & un ton mésuré, qu'on nomme déclamation. Un Orateur (c'est le nom de ceux qui font ces discours) doit avoir autant d'attention à prononcer qu'à composer. La Déclamation du poëme dramatique, est ce qu'on appelle jouer la comédie. Réciter des vers comme ils doivent être récités, c'est aussi déclamer.

Les bons déclamateurs sont rares.

Les differens Exercices.

L'Art de tirer les armes, est un exercice nécessaire à un homme exposé à attaquer & & à se défendre l'épée à la main.

Plusieurs exercices sont aussi en usage pour l'utilité & pour l'amusement; ils ont chacun leurs regles particulières : tels sont l'art de voltiger, la chasse aux chiens courants, la chasse aux oiseaux de proie, la pêche, & beaucoup d'autres.

L'Economie.

Les détails qu'exigent les différentes nécessités de la vie, sont les détails de l'économie. Un esprit économe persuadé que la plus belle économie est de donner le plus souvent que l'on peut, mais qu'il faut donner à propos, sçait régler sa dépense sans avarice & sans prodigalité.

L'Ecriture.

L'Ecriture trace par un certain nombre de caractères décidés tout ce que l'esprit peut penser; &, comme dit un Poëte, l'écriture est l'art de *peindre la parole*, & *de parler aux yeux*.

La forme différente qu'on donne aux lettres qui composent l'écriture, lui donne aussi différens noms. Nous avons l'écriture gothique, la bâtarde ou italienne, la ronde, la française, la coulée ou financière, & la romaine.

La Fable.

La fable étoit la religion des payens, ils adoroient plusieurs dieux. La connoissance de ces faux dieux, & de tout ce qui a quelque rapport à eux, se nomme aussi mythologie; il faut prendre garde de confondre la fable avec les fables qui sont de petits contes que l'on récite. On appelle Fabulistes ceux qui font des fables, & Mythologistes, ceux qui savent la mythologie.

Les fausses Religions.

On appelle hérétiques ceux qui ne croient pas dans tous les points, ce qu'ordonne de croire la Religion Catholique : tels sont les Luthériens, les Calvinistes & beaucoup d'autres.

Il y a des Religions absolument différentes de la nôtre. On a vu des peuples adorer le soleil; d'autres ont adoré des animaux.

Enfin, toute Religion qui n'eſt pas exactement Catholique, eſt une fauſſe Religion.

La Finance.

Tous ceux qui font leur principale occupation de recevoir & de donner de l'argent, ſont appellés gens de finance. Les Receveurs levent les ſommes, qui ſont dues au Roi dans chaque Province de ſon Royaume : & les Tréſoriers paient par ſon ordre les différents officiers qui le ſervent : ce qu'il faut ſçavoir pour réuſſir dans la diſtribution & le maniement de cet argent, eſt ce qu'on appelle finance.

Les Fortifications.

Pour bien attaquer ou défendre une place, il faut en connoître le fort & le foible. L'étude des fortifications, qu'on appelle l'architecture militaire, donne cette connoiſſance, en enſeignant à élever des remparts, des demi-lunes & d'autres ouvrages qui puiſſent empêcher l'ennemi d'aborder. Les Ingénieurs ſont ceux qui font une étude plus particulière des fortifications & des travaux néceſſaires pour ſe rendre maître d'une ville fortifiée.

La Géographie.

La connoiſſance générale des parties qui composent

composent le Monde, s'appelle géographie. Pour donner cette connoissance, sans être obligé de parcourir des pays immenses, les Géographes tracent sur des cartes la situation & la forme de ces pays. On distingue facilement, sur les cartes, les mers, les montagnes, les rivieres, les villes, & tout ce qui forme le monde terrestre.

La Géométrie.

Le traité le plus important des mathématiques, & qui aide le plus à réussir dans l'étude des autres traités, c'est la Géométrie. Le bon Géomètre mesure & divise par des régles certaines, tout ce qui se présente à la vue, & même à l'imagination.

Généalogie.

On ne doit point négliger de connoître le commencement, le progrès & les alliances des familles illustres. Chaque famille a sa généalogie, c'est-à-dire, une suite connue de pères, grands-pères, bisaïeuls, trisaïeuls, *&c.* Louis XV est fils de Louis Duc de Bourgogne, qui avoit épousé Marie-Adélaïde de Savoie. Le Duc de Bourgogne étoit petit-fils de Louis XIV. Louis XIV étoit fils de Louis XIII. C'est ainsi qu'un Généalogiste expose les degrés de parenté.

F

La Guerre.

Dès qu'un Souverain a de justes raisons de se plaindre d'un autre Souverain, il lui déclare la guerre. Il envoie sur les terres de son ennemi un nombre considérable de troupes pour s'emparer des villes qui sont sous son obéissance. L'art de la guerre est celui d'attaquer & de défendre ces villes, & les chemins qui y conduisent: c'est la science d'un Général d'armée, & de tous les officiers qui servent sous ses ordres.

La Grammaire.

L'Assemblage des régles établies pour parler correctement une langue, s'appelle Grammaire. On dit qu'un homme est bon grammairien, quand il parle bien sa langue. C'est dans la Grammaire qu'on apprend l'ortographe, qui est la principale partie de l'écriture. L'ortographe consiste à employer les lettres nécessaires pour former chaque mot, & à n'en point mettre d'inutiles.

L'Histoire.

Sans les recherches des Historiens, nous ignorerions ce qui est arrivé depuis la création du Monde, dans tous les pays qui le composent. L'Histoire universelle nous rappelle non-seulement ce qui s'est passé chez chaque peuple, mais elle nous apprend encore les mœurs, les liaisons, & les guerres que ces peuples ont eues. Les histoires particulières sont celles qui ne parlent que d'un pays ou d'un événement; par exemple, la guerre de Troye, l'histoire de France, les révolutions d'Irlande.

L'Histoire Naturelle.

Tout ce que produit la Nature, se divise en trois parties. Le régne des animaux, celui des minéraux, & celui des végetaux.

Les hommes, les poissons, les oiseaux, les insectes, & généralement toutes les bêtes sont du régne animal. Les arbres & les petites plantes sont du régne végetal. Tout ce qu'on trouve dans la terre, comme les pierres, les diamants, l'or, l'argent & les autres métaux, compose le régne minéral.

Quand on connoît ce que rassemblent ces trois régnes, on sçait l'histoire naturelle.

La Jurisprudence.

La Jurisprudence renferme tout ce qui sert à rendre la justice selon les loix. L'étude de cette science est ce qu'on appelle l'étude du droit. Un Juge l'apprend pour punir les criminels, à proportion des crimes qu'ils ont commis, & pour juger les contestations des plaideurs.

Un Avocat & un Procureur l'apprennent pour aider de leurs conseils, & pour faire valoir les raisons de ceux qui plaident. Un Notaire doit aussi sçavoir les loix pour faire des actes qui y soient conformes.

Les Jeux.

Presque tous les Jeux tiennent leurs premiers principes de l'arithmétique; & la plupart tirent un grand avantage de la facilité de bien compter. On peut les diviser en quatre especes.

Jeux d'adresse, comme la paume.

Jeux de cartes, comme le piquet.

Jeux de dez, comme le tric-trac.

Jeux de pure réflexion, comme les échecs.

On distingue aussi les Jeux de hasard, dont on ne devroit connoître que le danger.

La Religion.

On entend par Religion, la Religion Catholique; car il y en a de plusieurs sortes: la science de la vraie Religion apprend à connoître la grandeur & la bonté de Dieu, ce qu'il commande, & ce qu'il défend.

Les Auteurs qui en traitent à fond, s'appellent Théologiens, & cette ſcience, s'appelle Théologie.

Les Langues.

Les habitans des différents pays du monde parlent un langage différent. Un Turc, par exemple, n'entend point ce qu'on dit, quand on parle français ou italien, à moins qu'il n'ait étudié ces langues. La ſcience des langues s'apprend en parlant avec ceux qui les ſçavent, ou par le ſecours des régles.

On appelle langues mortes celles qu'on ne parle plus chez aucun peuple, & qui ſubſiſtent ſeulement dans les livres.

La Logique.

Il ne faut pas croire qu'on ne puiſſe raiſonner juſte. La Logique, qu'on connoît pour la premiere partie de la Philoſophie, empêche le Logicien de s'égarer dans de fauſſes idées, & le conduit toujours par principes à la juſteſſe d'une déciſion ſolide. Les mots *dialectique* & *logique*, ſignifient la même choſe & ſont ſynonymes.

Le Manège.

Il eſt très-important, ſur-tout à ceux qui ſont deſtinés à la guerre, de bien monter à cheval, de connoître les défauts, les beautés & les maladies des chevaux, de les dompter, & de les mener avec art. La façon de faire travailler un cheval, est ce qu'on appelle le manége. Il y a plusieurs sortes de manége, un bon Ecuyer les connoît toutes.

La Marine.

On fait la guerre sur mer presque aussi souvent que sur terre. Plusieurs vaisseaux qu'on appelle une flotte, quand ils marchent ensemble, sont chargés de soldats & d'artillerie pour combattre une flotte ennemie. Tout ce qui concerne la construction, & la façon de conduire ces vaisseaux, s'appelle *la marine* ou la navigation.

Il y a des vaisseaux qui ne servent qu'à transporter des marchandises ; ce sont les vaisseaux marchands, les autres sont les vaisseaux de guerre.

Les Mathématiques.

Les sciences qui dans leurs opérations, obligent à employer des forces, à calculer ou à mesurer, sont toutes réunies dans une seule science, qu'on appelle les Mathématiques.

L'arithmétique, par exemple, la sphère, l'architecture, sont trois traités qui en font partie. Les Mathématiques renferment jusqu'à cinquante traités différents ; mais il est presqu'impossible qu'un seul Mathématicien les sçache tous également bien.

Les Mécaniques.

L'étude des Mécaniques nous fournit bien des secours dont on auroit de la peine à se passer. Le mouvement des poulies, la force des léviers, la justesse des horloges, la construction des voitures, & de toutes les machines qu'on emploie dans les arts, est due aux différentes découvertes des Mécaniciens.

On joint ordinairement aux mécaniques le traité de la statique, par lequel on connoît l'usage des poids & contre-poids.

Les Médailles.

Les Médailles sont des especes de monnoies antiques ou modernes qui représentent, d'un côté, la tête d'un homme illustre, & de l'autre, quelque action d'éclat qui s'est passée pendant sa vie.

La date de chaque action est sur les médailles ; ainsi, en rappellant les principaux traits de l'histoire, elles servent essentiellement à la justesse de la chronologie. On appelle Antiquaires, ceux qui s'attachent à la connoiſſance des médailles.

Ils y joignent ordinairement la connoiſſance des ſtatues antiques, & des pierres gravées.

La Médecine.

Quand par l'uſage de l'Anatomie, on connoît les fonctions de chaque partie du corps, il faut que la Médecine apprenne à connoître les remèdes que l'on peut apporter au dérangement de ſes parties. Une trop grande chaleur cauſe-t-elle la fièvre, un Médecin ſçait ce qu'il faut pour la tempérer, & pour guérir enfin tous les maux auxquels le corps humain eſt ſujet.

La Métaphyſique.

La derniere partie de la Philoſophie eſt la Métaphyſique, & la plus difficile à apprendre & à approfondir. Un Métaphyſicien ne raiſonne jamais que ſur des ſujets purement ſpirituels; il travaille ſans ceſſe à prouver des choſes dont on ne peut juger par les ſens, & dont il eſt quelquefois permis de douter.

Ainſi, quand on dit qu'un raiſonnement eſt ſimplement métaphyſique, c'eſt comme ſi l'on diſoit qu'on raiſonne ſans être appuyé ſur un fondement ſolide.

Le Monde.

Aucun livre n'enseigne l'usage du monde: c'est la science qui demande le plus de pratique, & sans laquelle presque toutes les autres sciences sont inutiles. Railler avec discrétion; entendre raillerie; ne pas faire parade de ce qu'on sait; être poli, sans affecter de l'être, & feindre de ne pas s'appercevoir du défaut de politesse qu'on pourroit trouver dans les autres: voilà les principales régles qui doivent servir de conduite pour réussir dans le monde.

La Morale.

Le vrai Philosophe est celui qui sait se rendre maître de lui-même. Aussi la morale, ou l'art de conduire ses actions, passe-t-elle pour la partie la plus utile de la Philosophie: c'est elle qui donne des bornes aux passions, qui déracine le vice, & cultive la vertu. La morale enfin est la science des mœurs.

La Musique.

La Musique enseigne les régles de l'harmonie: & c'est ce qu'on appelle composition. Elle enseigne aussi à rendre méthodiquement, par le son de la voix, ou par le secours des instruments, les différents tons qui forment l'harmonie : ainsi on la divise en musique vocale, & en musique instrumentale. La précision dans la mesure est également nécessaire aux deux genres de Musique.

La Peinture.

Quand on met des couleurs sur les figures qu'on a tracées, ce qu'on appelle dessin se nomme alors peinture. On distingue différents genres de peinture. La peinture à l'huile qu'on emploie pour les tableaux; la détrempe & la fresque, dont on se sert sur les plafonds & sur les murs ; la miniature & l'émail pour les petits portraits; & enfin le pastel, qui n'est autre chose que des crayons de toutes sortes de couleurs.

La Physique.

Rien n'embarrasse un Physicien : il sait tout ce qui se passe dans les quatre élémens; il sait ce qui forme le tonnerre ; ce qui cause la pluie ; comment la terre produit des fruits ; pourquoi le feu s'augmente à l'air ; pourquoi il s'éteint quand il en manque. Il rend compte des effets de la lumière, de la cause des couleurs : en un mot, toute la nature est approfondie dans la physique, qui est la troisième partie de la philosophie.

Le Poëme épique.

Le récit que l'on fait en vers des aventures d'un Héros ou des évènemens d'une guerre, est ce qu'on appelle poëme épique. La différence du poëme épique au dramatique, c'est que, dans le dramatique, les Héros parlent, & dans l'épique, le Poëte raconte ce qu'ils ont fait ou dit.

Les aventures de Télémaque, par exemple, seroient un poëme épique, si elles étoient en vers.

Le Poëme dramatique.

Le plus petit ouvrage de poësie, une chanson, par exemple, une fable, est un poëme; il y en a de plusieurs sortes, on en compte environ quinze différens.

Le poëme dramatique est un des principaux. On nomme poëme dramatique une tragédie ou une comédie. Les vers composés pour être mis en musique, tels que ceux des opéra, sont appellés vers lyriques.

La Poësie.

La poësie est l'art de faire des vers, & l'on appelle Poëtes ceux qui y réussissent. Les vers sont des mots arrangés, dont on compte chaque syllabe. Il y a des vers de différentes longueurs, mais ils finissent toujours par un mot qui rime avec le dernier mot d'un autre vers.

Voici un exemple de quatre vers :

On me dit du matin jusqu'au soir ;
Il est bien glorieux, dans l'âge le plus tendre,
D'apprendre & de savoir :
Mais pour savoir il faut apprendre.

La Politique.

La première science d'un Prince après la Religion, doit être la Politique. Elle lui enseigne avec quelle dignité il faut se ménager l'amitié & les secours des Princes ses voisins, & avec quelle circonspection il faut gouverner ses sujets. Des particuliers font aussi une étude de cette science pour pouvoir juger avec connoissance de ce qui se passe dans toutes les Cours & mériter le titre d'habiles dans les intérêts des Princes.

La Prose.

On écrit en prose ou en vers. La prose est la façon simple, dont on parle dans la conversation, dans une lettre, dans la plupart des livres ; ce que je dis actuellement est de la prose. La tournure que chacun emploie en particulier pour s'exprimer, s'appelle style. Le meilleur style est celui dont les phrases sont les plus naturelles.

Une phrase est une certaine quantité de mots liés ensemble, & qu'on met toujours entre deux points ou deux virgules.

La Rhétorique.

L'Éloquence persuade & touche ceux à qui l'on parle : mais pour être éloquent, outre les régles de la grammaire, il y a encore d'autres régles. Il ne suffit pas de placer sans ordre ce qu'on veut dire : il faut composer son discours avec art. C'est la Rhétorique qui enseigne cet art ; & l'on appelle Rhétoriciens ou Rhéteurs, ceux qui savent en faire usage.

La Sphère.

Il faut toujours joindre à la science de la Géographie, celle de la Sphère ; elle enseigne à connoître le monde terrestre. On appelle Monde céleste le *Ciel*, où l'on distingue le soleil, la lune & les étoiles. C'est la Sphère qui représente le cours des astres ; & pour faciliter l'étude de ces sciences, on dessine le ciel & la terre sur deux boules, qu'on nomme globe terrestre & globe céleste.

La Sculpture.

Pour donner au bois, au marbre, & aux métaux des formes différentes, il faut, d'après les régles du dessin, savoir mettre en pratique la manœuvre & les finesses de la Sculpture. Une belle statue, un vase bien coupé, un bas relief sculpté avec art, font autant d'honneur au Sculpteur, qu'un tableau parfait peut en faire à l'habile Peintre.

La Théorie & la Pratique.

Il y a deux façons de s'instruire. La première est établie sur la théorie; on appelle ainsi l'assemblage des régles & des principes d'un art ou d'une science. La seconde façon de savoir est totalement différente de la théorie: c'est la pratique.

Un Jardinier taille un arbre avec succès par l'habitude qu'il a de tailler, & selon les avantages qu'il a reconnus d'une année à l'autre; mais ce Jardinier ne pénétre point les raisons qui l'ont fait réussir. L'habitude de travailler ainsi, sans remonter aux principes, s'appelle la pratique. Pour être parfait dans quelque genre de science que ce soit, il faut réunir la science théorique, & la science pratique.

Droit naturel, Economique & Politique.

Comme être isolé, l'homme a des devoirs à remplir, qui regardent son existence propre, & le soin qu'il doit prendre de la conserver ; on comprend sous le nom de *Jurisprudence naturelle*, les loix relatives à cet objet.

La qualité de Père de famille impose à tous les hommes des devoirs particuliers à l'égard de leurs enfans. Les loix qui les ont eus en vue, servent encore aujourd'hui à déterminer les successions, le partage des biens & les autres objets qui appartiennent à la *Jurisprudence économique.*

En s'unissant avec sa famille, à des familles plus nombreuses, les rapports de l'homme changeant, ses devoirs se sont accrus en même proportion. Les loix qui les ont considérés sous cet aspect, sont donné lieu à toutes les institutions de la *Jurisprudence politique.* On les a divisées en autant de branches, qu'il y a de matières sujettes à la législation.

INSTRUCTION

Pour les personnes qui enseignent à lire.

LEs premiers élémens de la Grammaire Française doivent sur-tout servir de leçon de lecture aux élèves : c'est le moyen de leur en donner une première idée ; sans qu'il leur en coûte beaucoup de peine ; la mémoire se charge facilement de ce qu'on a lu plusieurs fois. Ainsi, après avoir fait lire un petit article à un enfant, on peut commencer à lui en demander compte, & l'aider à l'entendre.

Il faut insensiblement lui faire connoître les neuf parties du discours qui composent toute la langue Française, lui apprendre à décliner les noms, à conjuguer les verbes, & à bien distinguer celles de ces neuf parties qui ne se déclinent ni ne se conjuguent, telles que sont l'adverbe, la préposition, la conjonction, & l'interjection.

GRAMMAIRE
FRANÇAISE.

LA langue françaiſe eſt compoſée de neuf ſortes de mots ; ſavoir, le nom, l'article, le pronom, le verbe, le participe, l'adverbe, la prépoſition, la conjonction & l'interjection.

DU NOM.

Il y a deux ſortes de noms ; le nom ſubſtantif & le nom adjectif.

Du nom ſubſtantif.

Le nom ſubſtantif eſt un mot qui nomme ſimplement une choſe quelconque.

Les mots *ſoleil*, *lune*, *étoiles*, ſont des noms ſubſtantifs.

Du nom adjectif.

Le nom adjectif eſt un mot qui marque de quelle maniere eſt la choſe nommée par le nom ſubſtantif.

Les mots *rond*, *ronde*, *brillant*, *brillante*, ſont des noms adjectifs.

Dans l'usage ordinaire, le nom adjectif se joint presque toujours à un nom substantif. Il marque de quelle maniere ou de quelle couleur est la chose nommée par le nom substantif. Exemples : *le soleil est rond, la lune est ronde, les étoiles sont brillantes.*

Ce qu'on dit ici des choses se dit aussi des personnes, & de tous les êtres en général.

Exemples : *Voilà un brave homme, c'est une femme sage, la vertu est aimable.*

Des genres.

La langue françaife n'a que deux genres, le masculin qui désigne le mâle, ou tout ce qui est du même genre, comme *l'homme, le soleil, le temps*, &c. & le féminin qui désigne la femelle, ou tout ce qui est du même genre, comme *la femelle, la lune, la terre*, &c.

Des nombres.

Il y a deux nombres : le singulier, quand on ne parle que d'une seule chose ou d'une seule personne, comme quand on dit *l'homme, la femme, le ciel, la terre*; & le pluriel quand on parle de plusieurs choses, comme quand on dit : *les hommes, les femmes, les cieux, les terres.*

Des cas.

Il y a six cas : le nominatif, le génitif, le datif, l'accusatif, le vocatif & l'ablatif.

Ces six cas servent à décliner les noms substantifs par le moyen des articles *le*, *la*, *les*, *de*, *du*, *des*, *à*, *au*, *aux*, dont on parlera ci-après.

Exemple de déclinaison, tant au singulier qu'au pluriel.

Nom substantif masculin.

SINGULIER.		PLURIEL.	
N.	le Roi	N.	les Rois
G.	du Roi	G.	des Rois
D.	au Roi	D.	aux Rois,
Ac.	le Roi	Ac.	les Rois
Voc.	ô Roi	Voc.	ô Rois
Abl.	du Roi, *ou* par le Roi.	Abl.	des Rois, *ou* par les Rois.

Nom substantif féminin.

SINGULIER.		PLURIEL.	
N.	la Reine	N.	les Reines,
G.	de la Reine	G.	des Reines
D.	à la Reine	D.	aux Reines
Ac.	la Reine	Ac.	les Reines
Voc.	ô Reine	Voc.	ô Reines
Abl.	de la Reine, *ou* par la Reine.	Abl.	des Reines, *ou* par les Reines.

Des noms adjectifs.

Les noms adjectifs servent à comparer ensemble les noms substantifs, & à former ce qu'on appelle degrés de comparaison. Exemple : *le soleil est plus éclatant que la lune*, ou *la lune est moins éclatante que le soleil.*

Des degrés de comparaison.

Il y a trois degrés de comparaison, c'est-à-dire, trois manieres de comparer ensemble les noms substantifs ; savoir, le positif, comme *grand* ; le comparatif, comme *plus grand* ; le superlatif, comme *très-grand.*

Exemples : *Alexandre étoit un grand homme. César étoit plus grand homme que Pompée. Louis XIV étoit un très-grand Roi.*

Un nom adjectif est au superlatif, quand il y a *le* ou *la* devant plus, ou un de ces mots, *très*, *fort*, *extrêmement*, *infiniment*, *parfaitement*, *souverainement*. Ainsi, *le plus savant*, *la plus savante*, *très-savant*, *très-savante*, *fort aimable*, *la plus aimable*, *extrêmement poli*, *le plus poli*, *infiniment bon*, *extraordinairement bon*, *parfaitement heureux*, *le plus heureux*, *la plus heureuse*, *souverainement juste*, *le plus juste*, sont au superlatif.

Il y a des comparatifs & des superlatifs qui s'expriment en un seul mot : ces comparatifs sont, *meilleur*, *pire*, *moindre.*

Ex. *meilleur* signifie *plus bon* (expression qui n'est point d'usage) ; *pire*, signifie *plus mauvais* ; *moindre*, signifie *plus petit.*

Les superlatifs qui s'expriment en un seul mot, sont *généralissime*, *sérénissime*, *révérendissime.*

Noms des nombres absolus.

Il y a des nombres adjectifs qui servent à compter ; ce sont , *un* , *deux* , *trois* , *quatre* , *cinq* , *six* , *sept* , &c. on les appelle noms de nombres absolus.

Noms des nombres ordinaux.

Il y en a d'autres qui marquent l'ordre & le rang ; ce sont *le premier* , *la première* , *le second* , *le troisième* , *le quatrième* , &c. tant pour le masculin que pour le féminin , le singulier & le pluriel ; on les appelle noms de nombres ordinaux.

Il y a trois sortes de noms substantifs , savoir les noms *communs* , les noms *propres* , & les noms *collectifs.*

Noms substantifs communs.

Les noms *communs* sont ceux qui désignent les espèces d'un même genre : ainsi les mots *hommes* , *chevaux* , *bêtes* , sont des noms substantifs *communs* , parce qu'ils désignent ,

le premier , tous les hommes ,
le second , tous les chevaux ,
& le troisième , toutes les bêtes.

Noms substantifs propres.

Les noms *propres* sont ceux qui appartiennent à chaque homme en particulier, comme *Alexandre*, *César*, *Louis XIV*.

Noms ſubſtantifs collectifs.

Les noms *collectifs* ſont ceux qui renferment en un ſeul mot pluſieurs choſes, ou pluſieurs perſonnes, comme *la forêt*, *le Clergé*, *la Cour*, *le Parlement*, *la Nobleſſe*, &c.

Les noms adjectifs ſont de deux genres; ainſi ils ont deux terminaiſons, l'une pour le maſculin, & l'autre pour le féminin: comme *beau*, *belle*, *grand*, *grande*, au lieu que les noms ſubſtantifs n'ont qu'une terminaiſon; & ne peuvent être que d'un genre, *le ciel*, *la terre*, &c.

Un nom adjectif devient ſubſtantif, quand il eſt précédé de *le*. Exemple: *le beau*, c'eſt-à-dire, *ce qui eſt beau*; *le vrai*, c'eſt-à-dire, *ce qui eſt vrai*, &c.

DE L'ARTICLE.

Les articles ſont de petits mots qui ſe mettent avec les noms ſubſtantifs pour en faire connoître le genre, le nombre & le cas. Quand on dit: *le ſoleil*, *la lune*, & *les étoiles*, *le ſoleil* eſt un nom ſubſtantif du genre maſculin ſingulier; *la lune* eſt un nom ſubſtantif du genre féminin ſingulier; *les étoiles*, un nom ſubſtantif du nombre pluriel; parce que l'article *le*, déſigne le genre maſculin ſingulier; l'article *la*, déſigne le genre féminin ſingulier; & l'article *les* déſigne le pluriel, tantôt maſculin, tantôt féminin. Il y a neuf articles, ſavoir:

le, *la*, *les*, *de*, *du*, *des*, *à*, *au*, *aux*.

Il y a des noms ſubſtantifs qui ne prennent qu'un article; d'autres en prennent deux, d'autres trois.

Un nom ſubſtantif du genre maſculin, ne prend qu'un article, tant au ſingulier qu'au pluriel. Exemple de déclinaiſon.

SINGULIER.		PLURIEL.	
N.	le ciel	N.	les cieux
G.	du ciel	G.	des cieux
D.	au ciel	D.	aux cieux
Ac.	le ciel	Aç.	les cieux
Voc.	ô ciel	Voc.	ô cieux
Abl.	du ciel *ou* par le ciel.	Abl.	des cieux *ou* par les cieux.

Un nom ſubſtantif du genre féminin a trois cas où il prend deux articles, mais ce n'eſt qu'au ſingulier. Exemple:

SINGULIER.		PLURIEL.	
N.	la terre	N.	les terres
G.	de la terre.	G.	des terres
D.	à la terre	D.	aux terres
Ac.	la terre	Ac.	les terres
Voc.	ô terre	Voc.	ô terres
Abl.	de la terre *ou* par la terre.	Abl.	des terres *ou* par les terres.

Exception.

Il y a des façons de parler, où le nom substantif masculin prend deux articles, & le féminin trois. Exemple :

N.	du pain	N.	de la viande
G.	de pain	G.	de viande
D.	à du pain	D.	à de la viande.

L'article de l'accusatif est semblable à celui du nominatif : le génitif semblable à l'ablatif, l'article du vocatif n'est qu'une exclamation.

Il y a quatre sortes d'articles ; savoir, l'article *défini*, l'article *partitif*, l'article *indéfini*, & l'article, *un*, *une*.

Les articles *définis* sont *le*, *la*, *les*, on les appelle *définis*, parce qu'ils définissent & déterminent le genre & le nombre des noms substantifs, & en désignent toute l'espèce. Par exemple, quand on dit, *j'aime le pain*, *la viande*, *les fruits* ; cela signifie *j'aime tout ce qui est pain*, *viande*, *fruits*, &c.

L'article partitif, au contraire, n'exprime qu'une partie de la chose dont on parle : ces articles sont *du*, *de*, *la*, *les* ; & quand on dit, *du pain*, *de la viande*, *des fruits*, me feroient plaisir : cela signifie, *un morceau de pain*, *de viande*, ou *quelques fruits me feroient plaisir.*

On

On voit par ces exemples que le nominatif de l'article *partitif*, n'est autre chose que le génitif de l'article *défini*. Exemple de déclinaison.

SINGULIER.

N.	du pain	du vin	de l'eau	de la viande
G.	de pain	de vin	d'eau	de viande
D.	à du pain	à du vin	à de l'eau	à de la viande
Ac.	*comme le Nominatif.*			
Abl.	*comme le Génitif.*			

PLURIEL.

N.	des pains	des vins	des eaux	des viandes
G.	des pains	des vins	d'eaux	de viandes
D.	à des pains	à des vins	à des eaux	à des viandes

Il n'y a que deux articles indéfinis : ce sont *de* & *à*. On les appelle indéfinis, parce qu'ils ne définissent ni le genre, ni le nombre des noms ; ils se mettent indifferemment avant les noms masculins ou féminins, avant les noms propres d'hommes, de villes, de provinces, avant le nom de Dieu & des Saints, & avant les pronoms.

Exemples pour les noms substantifs :

N.	Dieu	Louis	Marie	César	Paris
G.	de Dieu	de Louis	de Marie	de César	de Paris
D.	à Dieu	à Louis	à Marie	à César	à Paris

Exemples pour les pronoms ;

N.	moi	vous	lui	elle	eux	nous
G.	de moi	de vous	de lui	d'elle	d'eux	de nous
D.	à moi	à vous	à lui	à elle	à eux	à nous

Un, *une*, font articles lorsqu'on peut mettre à leur place *le* ou *la*.

Ex. *Un* honnête homme doit aimer son Prince, l'Etat & la Religion.

un est un article dans cet exemple, parce qu'on peut dire : *l'honnête-homme doit*, &c.

Une femme doit tout sacrifier à son honneur & à sa vertu ;

une est un article, parce qu'on peut dire *la femme qui est sage, doit*, &c.

Un, *une*, font adjectifs dans les exemples suivants :

J'ai rencontré *un* ami ce matin ;
Une affaire importante me retient ici ;

parce qu'on ne peut pas mettre les articles *le* ou *la* à la place de *un*, *une*, & dire ; *j'ai rencontré l'ami ce matin : l'affaire importante me retient ici.*

DU PRONOM.

Un pronom est un mot qui tient ordinairement la place d'un nom substantif.

Il y en a de sept sortes ; sçavoir, le pronom personnel, le pronom conjonctif, le pronom possessif, le pronom démonstratif, le pronom relatif, le pronom absolu, & le pronom indéfini.

Des pronoms personnels.

Les pronoms personnels sont de petits

mots qui repréſentent les perſonnes. Tels ſont *je*, *moi*, *toi*, *il*, *lui*, *elle*; *nous*, *nous-mêmes*, *vous*, *vous-mêmes*; *ils*, *eux*, *elles*, *eux-mêmes*, *elles-mêmes*.

SING. *Je* ou *moi* repréſentent la première perſonne : c'eſt celle qui parle.

EXEMPLE. *Je* vous aime, aimez-*moi*.

Tu ou *toi* repréſentent la ſeconde perſonne ; c'eſt celle à qui on parle.

Ex. *Tu* t'afflige, conſole *toi*.

Il, *lui* ou *elle*, repréſentent la troiſième perſonne : c'eſt celle de qui on parle.

Ex. Parlez-lui, *il* ou *elle* répondra.

PLUR. *Nous* ou *nous-mêmes* repréſentent la première perſonne au pluriel.

Ex. *Nous* devons faire notre bonheur *nous mêmes*.

Vous ou *vous-mêmes* repréſentent la ſeconde perſonne au pluriel.

Ex. Il faut que *vous* veniez *vous-mêmes*.

Ils, *eux* ou *elles*, *eux-mêmes*, *elles-mêmes*, repréſentent la troiſième perſonne au pluriel.

Ex. *Ils* ou *elles* vous diront ce que j'ai fait.
Eux-mêmes ou *elles-mêmes* aſſurent cette vérité.

Ces pronoms ſe déclinent avec les deux articles indéfinis *de* & *à*.

Les mots *soi* & *on*, représentent aussi des personnes, & sont mis au rang des pronoms personnels.

Ex. Chacun doit penser à *soi*.
On plaît toujours quand on aime.

Pronoms conjonctifs.

Les pronoms conjonctifs représentent tantôt les choses, tantôt les personnes; ils se trouvent toujours entre un pronom personnel & un verbe. Exemple : *je vous* le *rendrai*, ou *je vous* la *rendrai*; *le* & *la* sont pronoms conjonctifs, & peuvent se rapporter à des choses ou à des personnes.

La plupart des pronoms personnels peuvent devenir conjonctifs, à l'exception des pronoms *je*, *tu*, *il*, parce que ces trois pronoms sont toujours au commencement de la phrase.

EXEMPLES.

Je *vous* aime beaucoup.	*Vous* est le pronom c.
Je *lui* parle souvent.	*Lui* est le pr. conjonctif
Il *te* connoît à fond.	*Te* est le pronom conj.
Vous *me* consolez un peu.	*Me* est le pronom conj.
Tu *leur* diras de ma part.	*Leur* est le pron. conj.
Vous *y* viendrez aussi.	*Y* est le pronom conj.
Nous *nous* aimons beaucoup.	*Nous* est le pron. conj.
Nous *le* savons.	*Le* est le pronom conj.
Ils *les* ont reçus.	*Les* est le pronom conj.
On vous *l'a* dit.	*L'* est le pronom conj.
Nous *en* avons encore.	*En* est le pronom conj.

On voit par ces différens exemples que

le pronom personnel est toujours le nominatif du verbe, le pronom conjonctif est toujours le régime du verbe.

Pronoms possessifs.

Les pronoms possessifs sont de petits mots, qui désignent la personne qui possede la chose dont on parle; par exemple, quand on dit,

Mon habit,	*c'est comme si l'on disoit*,	l'habit de moi.
Votre montre,		la montre de vous.
Son épée,		l'épée de lui, &c.

Ainsi les trois pronoms *mon*, *votre*, *son*, désignent les trois personnes *moi*, *vous*, *lui*.

Mon chapeau,	ma montre,	mes gants.
Ton chapeau,	ta maison,	tes gens.
Son argent,	sa bourse,	ses parents.
Notre Roi,	votre bien,	leur état.

Les pronoms, *mon*, *ma*, *mes*, *ton*, *ta*, *tes*, *son*, *sa*, *ses*, *notre*, *votre*, *leur*, s'appellent pronoms possessifs absolus, parce qu'ils sont joints à un nom substantif. Il y a d'autres personnes qui se rapportent à un nom substantif sans y être joints, on les appelle pronoms possessifs relatifs. Ces pronoms sont *le mien*, *le tien*, *le sien*, *la mienne*, *la tienne*, *la sienne*; *la nôtre*, *le vôtre*, *le leur*, *la nôtre*, *la vôtre*, *la leur*.

EXEMPLES.

Rendez-moi le mien, garde le tien, chacun le sien.
Rendez-moi la mienne, garde la tienne, chacun la sienne.
Rendez-nous le nôtre, gardez le vôtre, chacun le leur.
Rendez nous la nôtre, gardez la vôtre, chacun la leur.

Il n'y a dans ces différens exemples aucun nom substantif exprimé ; mais on sent bien qu'il est sous-entendu, & que tous ces pronoms possessifs se rapportent à quelque chose.

Pronoms démonstratifs.

Les pronoms démonstratifs sont de petits mots qui servent à montrer la chose dont on parle, comme quand on dit :

Ce palais, cet officier, cette compagnie.
Ce cheval, cet homme, cette femme.

Ce, cet, cette, ces, ceci, cela, celui-ci, celui-là, celle-ci, celle-là, ceux-ci, ceux-là, sont des pronoms démonstratifs.

EXEMPLES.

Ce livre, *ce* héros *ce* tableau.
Cet oiseau, *cet* honneur, *cet* ameublement.
Cette table, *cette* armoire, *cette* fenêtre.
Ces enfants *ces* animaux, *ces* arbres.

Ceci peut convenir ; mais *cela* ne convient pas.
Celui-ci a plû ; *celui-là* ne plaît pas.
Celle-ci est aimable ; *celle-là* ne l'est pas.
Ceux-ci écoutent ; *ceux-là* n'écoutent pas.

Pronoms relatifs.

Les pronoms relatifs sont de petits mots

qui se rapportent à un nom substantif, & quelquefois à un pronom, ce sont *qui*, *que*, *quoi*, *lequel*, *laquelle*, *lesquels*, *lesquelles*.

EXEMPLES.

Je connois la personne *qui* vous a écrit.
J'ai vu la lettre *que* vous avez reçue.
Voici le jeune-homme *dont* je vous ai parlé.
C'est un ami pour *lequel* je m'intéresse.
L'affaire sur *laquelle* on m'a consulté, est finie.
On connoît ceux pour *lesquels* vous vous intéressez.
On connoît celles pour *lesquelles* vous sollicitez :

Exemples de quelques relatifs que se rapportent à des pronoms.

Pour *moi qui* vous connois, je vous estime.
Celle que vous venez de voir est aimable.

Pronoms absolus.

Les pronoms absolus, sont presque les mêmes que les pronoms relatifs ; on ne les appelle absolus, que quand ils ne sont précédés d'aucun nom substantif. Ce sont *qui*, *que*, *quoi*, *quel*, *quelle*, *lequel*, *laquelle*.

EXEMPLES.

Qui connoissez-vous ici ? c'est-à-dire, quelle personne, &c.
Que demandez-vous ? quelle chose demandez-vous ?
A quoi ou *de quoi* vous occupez-vous ?
Quel homme protégez-vous ?
Quelle affaire avez-vous ?
Lequel aimez-vous ? *Laquelle* prenez-vous ?

On voit que le pronom absolu forme toujours une interrogation, quand il n'est pas précédé d'un verbe.

Quand il est précédé d'un verbe, il ne forme plus d'interrogation.

Ex. J'ignore *quelle* affaire vous amene à Paris.

Pronoms indéfinis.

Les pronoms indéfinis sont des mots qui ne se rapportent directement à aucun nom substantif exprimé, ni sous-entendu comme les autres pronoms. Les pronoms indéfinis sont *quiconque*, *quelqu'un*, *chacun*, *autrui*, *personne*, *aucun*, *nul*, *nul autre*, *pas un*, *pas une*, *tel*, *telle*, *la plupart*, *tout le monde*, *qui que ce soit*, *quelque chose que*, *quoi que*, *tout*, *que*, *tout homme*, *l'un l'autre*, *les uns*, *les autres*.

EXEMPLES.

Quiconque aime la vertu est heureux.
Quelqu'un vous dira peut-être autrement.
Chacun doit penser à soi.
Il ne faut point faire mal à *autrui*.
Personne ne m'a-t-il point demandé aujourd'hui?
De plusieurs amis que j'avois, il ne m'en reste *aucun*.
Nul autre que vous n'eût attendu si tard.
Pas un, *pas une* ne m'a satisfait.
Tel ou telle devroit être plus circonspect ou circonspecte.
La plupart conviennent du fait.
Tout le monde vous connoît pour tel.
Qui que ce soit qui me demande, je n'y suis pas.
Quelque chose que vous fassiez, je vous pardonne.
Quoi que vous en disiez, cela ne laisse pas d'être.
Tout innocent que vous êtes, on vous accuse.
Tout honnête homme doit aimer son honneur.
Il faut s'aider *l'un l'autre*, ou *les uns les autres*.

DU VERBE.

En général un verbe est un mot qui exprime toutes les actions, soit du corps, comme *marcher*, *se promener*, &c. soit du cœur, comme *aimer*, *haïr*, &c. soit de l'esprit, comme *mériter*, *réfléchir*, &c.

Sans le verbe, toutes les autres parties du discours seroient inutiles dans une langue, & ne pourroient faire aucun sens; c'est pour cela qu'on l'appelle, le mot par excellence.

On connoît qu'un mot est un verbe, lorsqu'on peut y joindre un des pronoms personnels *je*, *tu*, *il*; ainsi les mots *aimer*, *finir*, *recevoir*, *rendre*, sont des verbes, parce qu'on peut dire :

Je finis,	tu finis,	il finit.	J'écris,	tu écris,	il écrit.
J'aime,	tu aimes,	il aime.	Je parle,	tu parles,	il parle.
Je reçois,	tu reçois,	il reçoit.	Je cours,	tu cours,	il court.
Je rends,	tu rends,	il rend.	Je viens,	tu viens,	il vient.

Il y a quatre conjugaisons des verbes.

La première comprend les verbes dont l'infinitif est terminé en *er*; ainsi *aimer* *badiner*, *jouer*, *se promener*, &c. sont des verbes de la première conjugaison.

La seconde comprend les verbes dont l'infinitif est terminé en *ir*; ainsi *finir*, *mourir*, *partir*, *se réjouir*, &c. sont des verbes de la seconde conjugaison.

La troisième comprend les verbes dont l'infinitif est terminé en *oir*; ainsi *recevoir*, *pouvoir*, *appercevoir*, *concevoir*, &c. sont des verbes de la troisième conjugaison.

La quatrième comprend les verbes dont l'infinitif est terminé en *re*; ainsi *rendre*, *prendre*, *rire*, *écrire*, *se plaindre*, &c. sont des verbes de la quatrième conjugaison.

Pour conjuguer un verbe, il faut sçavoir ce que c'est que *tems* & *modes*.

Il y a trois *tems*, qu'on appelle *tems naturels*; sçavoir, *le présent*, *le passé* & *le futur*.

Le *présent* est le *tems* où se fait quelque chose; comme *j'aime*, *je finis*, *je reçois*, *je rends*.

Le *passé* est le *tems* où s'est fait quelque chose; comme *j'ai aimé*, *j'ai fini*, *j'ai reçu*, *j'ai rendu*.

Le *futur* est le *tems* où se fera quelque chose; comme *j'aimerai*, *je finirai*, *je recevrai*, *je rendrai*.

Chacun de ces trois tems en renferme plusieurs autres, comme on verra dans les quatre conjugaisons des verbes.

Il y a deux verbes qu'il faut sçavoir bien conjuguer avant que de passer à la conjugaison des autres; ces deux verbes sont le verbe *avoir* & le verbe *être*, qu'on appelle verbes *auxiliaires*, parce qu'ils viennent, pour ainsi dire, au secours des autres verbes, & qu'ils servent à en former les tems composés.

Les tems simples d'un verbe sont ceux qui ne consistent que dans un seul mot; comme,

J'aime, j'aimerai, je finis, je finirai.
Je reçois, je recevrai, je rends, je rendrai.

Les tems composés d'un verbe sont ceux qui sont composés de deux ou de plusieurs mots; comme *j'ai aimé*, *j'ai été aimé*, *j'ai reçu*, *j'ai été reçu.*

Il y a quatre modes dans un verbe; sçavoir, *l'indicatif*, *l'impératif*, *le subjonctif* & *l'infinitif.*

INDICATIF.

Un verbe est au mode indicatif, quand il ne dépend d'aucun autre mot; comme quand on dit *j'aime* ou *j'aimerai l'étude.*

Ce mode a onze tems.

Voici la maniere de le conjuguer, ainsi que tous les autres, tant au *masculin* qu'au *féminin*, au singulier qu'au pluriel.

PRÉSENT.

Singulier.

J'ai, je suis, j'aime, je finis, je reçois, je rends,
tu as, tu es, tu aimes, tu finis, tu reçois, tu rends,
il a, il est, il aime, il finit, il reçoit, il rend.
ou ou ou ou ou ou
elle a, elle est, elle aime, elle finit, elle reçoit, elle rend.

Pluriel.

Nous avons, nous sommes, nous aimons,
vous avez, vous êtes, vous aimez,
ils *ou* elles ont. ils *ou* elles sont. ils *ou* elles aiment,
nous finissons, nous recevons, nous rendons,
vous finissez, vous recevez, vous rendez,
ils *ou* elles finissent. ils *ou* elles reçoivent. ils *ou* elles rendent.

IMPARFAIT.

J'avois, j'étois, j'aimois,
je finissois, je recevois, je rendois.

PRÉTÉRIT.

Je fus, j'aimai, je finis, je reçus, je rendis.

PRÉTÉRIT ANTÉRIEUR.

J'eus, j'eus été, j'eus aimé,
j'eus fini, j'eus reçu, j'eus rendu.

PRÉTÉRIT ANTÉRIEUR INDÉFINI.

Les deux verbes auxiliaires n'en ont point.

J'ai eu aimé, j'ai eu fini, j'ai eu reçu, j'ai eu rendu.

PLUSQUE-PARFAIT.

J'avois eu, j'avois été, j'avois aimé, j'avois fini, j'avois reçu, j'avois rendu.

FUTUR.

J'aurai, je ferai, j'aimerai, je finirai, je recevrai, je rendrai.

FUTUR PASSÉ.

J'aurai eu, j'aurai été, j'aurai aimé, j'aurai fini, j'aurai reçu, j'aurai rendu.

CONDITIONNEL PRÉSENT.

J'aurois, je ferois, j'aimerois, je finirois, je recevrois, je rendrois,

CONDITIONNEL PASSÉ.

J'aurois eu,	j'aurois été,	j'aurois aimé,
ou	*ou*	*ou*
j'eusse eu,	j'eusse été,	j'eusse aimé,
j'aurois fini,	j'aurois reçu,	j'aurois rendu;
ou	*ou*	*ou*
j'eusse fini,	j'eusse reçu,	j'eusse rendu.

IMPÉRATIF.

Un verbe est mode impératif, quand on commande à quelqu'un, ou quand on exhorte quelqu'un à faire quelque chose; comme lorsqu'on dit: *aimez Dieu & la vérité.*

Un verbe n'a point de premiere personne à l'impératif, parce qu'on ne se commande point à soi-même.

Ce mode n'a que deux temps, le *présent* & le *futur*, parce qu'on commande, soit pour qu'une chose se fasse présentement, ou dans la suite.

PRÉSENT ET FUTUR.

Singulier.

Aie,	sois,	aime,
qu'il ait,	qu'il soit,	qu'il aime,
ou	*ou*	*ou*
qu'elle ait,	qu'elle soit,	qu'elle aime,
finis,	reçois,	rends,
qu'il finisse,	qu'il reçoive,	qu'il rende,
ou	*ou*	*ou*
qu'elle finisse,	qu'elle reçoive,	qu'elle rende,

Pluriel.

Ayons,	soyons,	aimons,
ayez,	soyez,	aimez,
qu'ils aient, *ou*	qu'ils soient, *ou*	qu'ils aiment *ou*
qu'elles aient,	qu'elles soient,	qu'elles aiment,
finissons,	recevons,	rendons,
finissez,	recevez,	rendez,
qu'ils finissent, *ou*	qu'ils reçoivent, *ou*	qu'ils rendent *ou*
qu'elles finissent,	qu'elles reçoivent,	qu'elles rendent.

SUBJONCTIF.

Un verbe est au mode subjonctif, quand il y a avant lui un autre verbe auquel il est joint par la conjonction *que*, comme lorsqu'on dit : *Il faut que je parte. Je suis charmé que vous soyez ici. Je serois fâché qu'il sortît,* ou *qu'elle sortît.*

Ce mode n'a que quatre tems : voici la manière de le conjuguer.

PRÉSENT & FUTUR, semblables.

Que j'aie, que je sois, que j'aime, que je finisse, que je reçoive, que je rende.

IMPARFAIT.

Que j'eusse, que je fusse, que j'aimasse, que je finisse, que je reçusse, que je rendisse.

PRÉTERIT.

Que j'aie eu, que j'aie été, que j'aie aimé, que j'aie fini, que j'aie reçu, que j'aie rendu.

PLUSQUE-PARFAIT.

Que j'eusse eu, que j'eusse été, que j'eusse aimé, que j'eusse fini, que j'eusse reçu, que j'eusse rendu.

INFINITIF.

Un verbe est au mode infinitif, quand il est terminé en *er*, ou en *ir*, ou en *oir*, ou en *re* ; ainsi *avoir*, *être*, *aimer*, *finir*, *recevoir*, *rendre*, sont des verbes au mode infinitif. Ce mode a sept *tems*.

PRESENT.

Avoir, être, aimer, finir, recevoir, rendre.

PRETERIT.

Avoir eu, avoir été, avoir aimé, avoir fini, avoir reçu, avoir rendu.

PARTICIPE ACTIF PRESENT.

Ayant, étant, aimant, finissant, recevant, rendant.

PARTICIPE ACTIF PASSÉ.

Ayant eu, ayant été, ayant aimé,
ayant fini, ayant reçu, ayant rendu.

PARTICIPE PASSIF PRESENT.

Eu, été, aimé, fini, reçu, rendu,
ou *ou* *ou* *ou*
étant aimé, étant fini, étant reçu, étant rendu.

PARTICIPE PASSIF PASSÉ.

Les auxiliaires n'en ont point.

Ayant été aimé, ayant été fini, ayant été reçu, ayant été rendu.

GERONDIF.

Ayant, étant, *en* aimant, *en* finissant, *en* recevant, *en* rendant;
ou *ou* *ou* *ou*
aimant, finissant, recevant, rendant.

DIVISION DES VERBES.

Il n'y a proprement que deux sortes de verbes; le verbe substantif, le verbe adjectif.

Le verbe substantif marque l'*existence*, & le verbe adjectif marque la maniere d'*exister*; ainsi *être* est le seul verbe substantif, & tous les autres sont des verbes adjectifs. *Aimer* signifie *être aimant*, *étudier*, *être étudiant*, &c.

Il y a cinq sortes de verbes adjectifs;

sçavoir, le *verbe actif*, le *verbe neutre*, le *verbe passif*, les *verbes réflechis & réciproques*, *& le verbe impersonnel.*

Du Verbe actif.

Le verbe actif est celui qui a un régime ; c'est-à-dire, après lequel on peut toujours mettre un de ces deux mots *quelqu'un* ou *quelque chose* : ainsi *aimer*, *finir & recevoir*, *rendre*, sont des verbes actifs, parce qu'on peut dire :

aimer quelqu'un,	finir quelque chose.
recevoir quelqu'un,	rendre quelque chose.

Du Verbe neutre.

Le verbe neutre est un verbe qui n'a point de régime, & après lequel on ne peut jamais mettre un de ces deux mots *quelqu'un* ou *quelque chose* : ainsi *marcher*, *tomber*, sont des verbes neutres, parce qu'on ne peut pas dire, *marcher quelqu'un*, *tomber quelque chose.*

Il y a des verbes neutres qui se conjuguent avec les temps simples du verbe auxiliaire *avoir*, comme *dormir*, *dîner*, *souper.*

EXEMPLES.

J'ai dormi, j'ai dîné, j'ai soupé.

Et ainsi de plusieurs autres.

Il y a d'autres verbes qui se conjuguent avec les temps simples du verbe auxiliaire *être*, comme *venir*, *arriver*, *tomber*.

EXEMPLES.

Je suis venu, je suis arrivé, je suis tombé.

Et ainsi de plusieurs autres.

Nota. Pour accoutumer les enfants à cette différence essentielle ; il faut leur faire conjuguer plusieurs verbes.

Du Verbe passif.

Le verbe passif est un verbe après lequel on peut mettre un de ces mots *par quelqu'un*, ou *par quelque chose*. Ce verbe est ordinairement composé du verbe auxiliaire *être*, joint à un participe passif d'un verbe actif ; ainsi, *être aimé*, *être affligé*, sont des verbes passifs ; parce qu'on peut dire, *être aimé par quelqu'un*, *être affligé par quelque chose*.

Le verbe passif suit la conjugaison du verbe auxiliaire *être* dont il est formé ; ce qui n'arrive que lorsqu'il se trouve joint au participe passif *d'un verbe actif*.

Du Verbe réfléchi.

Un verbe est réfléchi, lorsqu'on peut y

ajouter *ſoi-même* après l'infinitif, ainſi, *ſe chagriner*, *s'amuſer*, *ſe conſoler*, ſont des verbes réfléchis.

Les verbes réfléchis ſe conjuguent avec les pronoms conjonctifs *me*, *te*, *nous*, *vous*, *ſe*: il eſt aiſé d'en donner des exemples.

Du Verbe réciproque.

Un verbe eſt réciproque, lorſqu'on peut y ajouter le mot *enſemble*, ou le mot *réciproquement* après l'infinitif; ainſi *ſe battre*, *ſe careſſer*, *&c.* ſont des verbes réciproques.

Ces verbes ſe conjuguent comme le verbe réfléchi, avec les pronoms conjonctifs, *me*, *te*, *nous*, *vous*, *ſe*.

Du Verbe imperſonnel.

Le verbe imperſonnel eſt un verbe qui n'a que la troiſième perſonne du ſingulier dans tous ſes temps; comme *il pleut*, *il grêle*, *il tonne*, *il y a*, *il faut*, *il importe*, *&c.*

On voit que ces verbes ne peuvent avoir ni *première* ni *ſeconde perſonne*.

RÉGIME DU VERBE.

On appelle régime du verbe, le nom ou le pronom qui ſe trouve après le verbe.

Il y a deux ſortes de régimes, le régime direct, & le régime relatif.

Le régime direct eſt le nom ou le pronom qui ſe trouve immédiatement après le verbe. Dans *aimer l'étude*, *l'étude* eſt le régime direct du verbe *aimer*, parce qu'il n'eſt point ſéparé.

Ex. Aimer l'étude ; revenir de la campagne.

Le régime relatif eſt le nom ou le pronom qui eſt ſéparé du verbe par *de* ou *à* : ainſi, dans *revenir de la campagne*, ou *aller à la campagne* ; *la campagne* eſt le régime relatif du verbe *aller* ou *revenir*, parce qu'il eſt ſéparé du verbe par *de* & *à*.

DU PARTICIPE.

Le participe eſt un mot formé d'un verbe. *Aimant*, *finiſſant*, *recevant*, *fuyant*, *rendant*, *aimé*, *fini*, *reçu*, *fui*, *rendu*, ſont des participes formés des verbes *aimer*, *finir*, *recevoir*, *fuir*, *rendre*.

Il y a deux ſortes de participes : le participe actif, & le participe paſſif.

Le participe actif eſt celui qui exprime une action qui ſe fait ; il eſt toujours terminé en *ant* ; ainſi quand on dit, *aimant l'étude*, *finiſſant un ouvrage*, *recevant une lettre*, *rendant ſervice*, &c. *aimant*, *finiſ-*

ſant, *recevant*, *rendant*, ſont des participes actifs.

Le participe paſſif eſt celui qui exprime une action qui eſt faite. Ce participe n'eſt jamais terminé en *ant* : ainſi quand on dit, *un homme aimé*, *un ouvrage fini*, *un préſent reçu*, *un ſervice rendu* ; *aimé*, *fini*, *reçu*, *rendu*, ſont des participes paſſifs.

Le participe actif ne ſe décline point, & l'on dit également *un jeune homme aimant l'étude* ; *une demoiſelle aimant l'étude* ; *des enfants liſant* ; *des femmes liſant*.

Le participe paſſif ne ſe décline point non plus, lorſqu'il eſt ſuivi d'un nom ſubſtantif, comme dans ces exemples : *j'ai fini mes affaires*, *nous avons reçu vos lettres*. Mais il ſe décline lorſque le nom ſubſtantif eſt avant le participe, & alors il faut les faire accorder enſemble en genre & en nombre, & dire : *mes affaires ſont finies* ; *vos lettres ont été reçues* ; *les ouvrages que j'avois commencés ſont finis*, *&c.*

On voit par-là, que le participe paſſif eſt déclinable comme les noms adjectifs.

EXEMPLES. Je me ſuis réjoui, ou elles ſe ſont réjouies de votre bonheur.

Les femmes ne ſont pas ſoumiſes aux mêmes peines dont les hommes ſont punis.

Le participe passif est indéclinable, lorsqu'il est suivi du nominatif de la phrase, comme dans ce qui suit.

EXEMPLES. J'ai reçu toutes les lettres que m'ont écrit mes amis.

Avez vous vu la lettre que vous a écrit votre père?

Si le nominatif étoit avant le participe, il deviendroit déclinable : il faudroit dire : *j'ai reçu les lettres que mes amis m'ont écrites. Avez-vous vu la lettre que votre père vous a écrite?*

DU GÉRONDIF.

Le gérondif est un mot qui se termine en *ant*, comme le participe actif ; & toute la différence qu'il y a entre ces deux mots, c'est qu'on peut toujours mettre *en* avant le gérondif, ce qu'on ne peut pas faire avant le participe.

EXEMPLE. Etudiant comme vous faites vous deviendrez savant.

Etudiant, est un gérondif, parce qu'on peut dire, *en étudiant comme vous faites*, &c.

Il faut cependant excepter de cette règle les gérondifs *ayant* & *étant*, avant lesquels on ne peut jamais mettre *en*.

DE L'ADVERBE.

L'adverbe est un mot indéclinable qui se met auprès du verbe pour marquer la manière dont se fait l'action exprimée par le verbe, comme quand on dit : *je vous aime tendrement, servez-moi fidélement ; vivons chrétiennement. Tendrement, fidélement, chrétiennement*, sont des adverbes ; il y en a une infinité d'autres.

Il y a deux sortes d'adverbes ; les adverbes simples, & les adverbes composés.

Les adverbes simples sont ceux qui s'expriment en un seul mot ; comme *tendrement, fidélement, chrétiennement.*

Les adverbes composés sont ceux qui sont composés de plusieurs mots ; tels que sont *sans façon, tour-à-tour, &c. Agir sans façon, chanter tour-à-tour, &c.*

Manière de connoître les adverbes.

Un mot est adverbe, quand il peut répondre à un de ces quatre mots ; *quand ? où ? combien ? comment ?*

EXEMPLE. Nous irons bientôt vous voir, & nous irons en voiture.

Dans cet exemple, *bientôt* est adverbe, parce qu'on peut dire ; *quand irons-nous ? bientôt. En voiture* est encore adverbe, parce qu'on peut dire, *comment irons-nous ? en voiture.*

Autre Ex. Les uns se placeront devant, les autres derriere.

Devant & derrière sont des adverbes, parce

qu'on peut dire : *où nous placerons-nous devant, derrière.*

Autre Ex. Nous serons bonne compagnie, nous dépenserons fort peu de chose.

Bonne compagnie est adverbe, parce qu'o peut dire : *combien serons-nous? bonne compagnie. Fort peu de chose* est encore adverbe parce qu'on peut dire ; *combien dépenserons-nous, fort peu de chose.*

DE LA PRÉPOSITION.

La préposition est un mot indéclinable qui a toujours un nom substantif ou un pronom pour régime.

Il y a deux sortes de prépositions ; les prépositions simples, & les prépositions composées. Les prépositions simples sont celles qui s'expriment en un seul mot, comme *après, avec, dans.*

Ex. Après l'Office, dînez avec moi. Entrons dans la maison.

Les prépositions composées sont celles qui sont composées de plusieurs mots ; comme *en présence de, par rapport à, vis-à-vis de, &c.*

Ex. En présence de tout le monde. Par rapport à vous. Vis-à-vis de ma fenêtre.

Le mot *près* est une préposition ; il est indéclinable, lorsqu'il est terminé par une s, il signifie *sur le point de.*

EXEMPLE. Votre ami est près d'arriver.

c'estc'est-à-dire, *sur le point d'arriver.*

Le mot *près* est adjectif & déclinable, lorsqu'il est terminé par un *t*; il signifie *disposé à.*

Ex. Etes-vous *prêt* à partir, *ou prête* à partir? c'est-à-dire, *êtes-vous disposé à partir*, ou *disposée à partir*?

On voit par-là que *près de mourir*, signifie, *sur le point de mourir*; & *prêt à mourir*, signifie *disposé à mourir.*

Avant est préposition, quand il a un régime, comme dans *avant la fin du jour.*

Avant est adverbe, quand il n'a point de régime, comme dans *s'enfoncer trop avant.*

Devant est préposition dans *marchez devant moi*, parce qu'il a le pronom *moi* pour régime; mais il est adverbe dans *je marcherai derrière & vous devant*, parce qu'ici il n'a point de régime.

DE LA CONJONCTION.

Une conjonction est un mot indéclinable, qui sert à lier ensemble les parties d'une phrase, tels sont, *si*, *aussi*, *quand*, *encore*, *par conséquent*, *quand bien même*, & une infinité d'autres.

Ex. Si vous allez à la campagne, j'irai *aussi*. Je n'étois pas *encore* au logis, *quand* vous y arrivâtes.

Si on ôte de ces deux phrases les conjonctions *si*, *aussi*, *quand*, *encore*, il n'y aura plus aucun sens. Ainsi les conjonctions servent à lier les mots, & établissent le sens des phrases.

Les conjonctions sont simples ou composées; les simples sont *si*, *aussi*, *quand*, *encore*, &c. Les composées sont *par conséquent*, *quand bien même*, *c'est pour cela que*, *ni plus ni moins que*, & plusieurs autres.

EXEMPLES.

Vous dites que vous voulez être savant : par conséquent vous devez étudier.

Il faut dire la vérité, quand bien même elle ne vous seroit pas avantageuse.

Vous avez fait une belle action, & c'est pour cela qu'on vous estime.

Je vous aime ni plus ni moins que si vous étiez mon frère.

Que est conjonction, lorsqu'il est au commencement ou au milieu d'une phrase, & qu'il ne peut pas se tourner par *lequel* ou *laquelle*, *lesquels* ou *lesquelles*, *&c.*

Ex. Que chacun prenne garde à soi, *ou* il faut que chacun prenne garde à soi, &c.

Que dans ces exemples ne se rapporte à aucun nom substantif, & ne peut se tourner par *laquelle*, *lesquels* ou *lesquelles*, *&c.*

Il y a quelques prépositions qui deviennent conjonctions, lorsqu'elles se trouvent avant un verbe à l'infinitif.

EXEMPLES.

Loin de blâmer votre conduite, je la loue.
Il faut être honnête-homme, jusqu'à tout sacrifier à la probité.
On ne doit se reposer qu'après avoir travaillé.
Il faut mériter pour obtenir.
On ne doit blâmer personne sans l'entendre.

On voit, par ces différens exemples, que les mots *loin de*, *jusqu'à*, *après*, *pour*, *sans*, qui sont ordinairement prépositions, avant un nom substantif ou un pronom, deviennent ici des conjonctions; parce qu'ils sont avant des verbes à l'infinitif.

DE L'INTERJECTION.

Une interjection est un mot indéclinable dont on se sert pour exprimer les différens mouvemens de l'ame.

EXEMPLES.

Pour exprimer la joie, *on dit*,	Ah ! bon.
Pour applaudir,	Fort bien.
Pour la peine ou le plaisir,	Tant pis, tant mieux.
Pour exprimer la douleur,	Hélas ! mon Dieu !
Pour exprimer l'aversion, le mépris,	Fi, fi donc !
Pour encourager,	Allons courage.
Pour arrêter,	Toutbeau! doucement
Pour cesser,	Hola, assez.
Pour faire taire,	Paix ! paix là !

Le ton de la voix distingue & détermine ordinairement le sens de l'interjection; chacune doit avoir une inflexion particulière, suivant les différentes passions qui animent la personne qui parle.

INSTRUCTION

Pour les Perſonnes qui enſeignent à lire.

L'ÉCRITURE a, comme le diſcours, ſes pauſes, ſes intervalles; pour les diſtinguer, on a inventé la *Ponctuation*. On appelle ainſi la manière de placer les points & les virgules dans le diſcours imprimé, écrit ou prononcé. Le point marque l'intervalle le plus conſidérable. On fait toujours uſage de la virgule pour ſéparer tous les membres d'une phraſe qui ſont unis par conſtruction. On a cru devoir mettre ſous les yeux des enfans, des exemples qui ſervent à leur faire connoître l'uſage du point & de la virgule, employée ſéparément ou enſemble.

On admet encore dans l'écriture d'autres figures, ſur leſquelles il a paru eſſentiel de donner quelques inſtructions. Ces figures ſont l'apoſtrophe ('), le trait d'union (-), les deux points ſur les voyelles (ë, ï, ü), la cédille (¸), & la paranthèſe ( ).

DE LA PONCTUATION.

LA ponctuation consiste à placer les Points & les Virgules, de manière à établir le sens & la clarté du discours écrit ou prononcé.

La ponctuation est composée de six petits caractères, dont voici les noms & la forme.

Caractères de Ponctuation.

La Virgule	,
Le Point & la Virgule	;
Les deux Points	:
Le Point seul	.
Le Point d'interrogation	?
Le Point d'admiration	!

Manière de placer la Virgule.

On place la Virgule à l'endroit de la phrase où l'on s'arrête pour reprendre haleine, quoique le sens ne soit pas fini. Exemple tiré de l'Oraison funèbre de Mr. le Vicomte de Turenne, par M. Fléchier.

« Turenne meurt, tout se confond ; la
» Fortune chancelle, la Victoire se lasse, la

» Paix s'éloigne, l'Armée en deuil s'occupe
» à lui rendre les devoirs funèbres, &c.

On place encore la Virgule après les noms de Dieu & des Saints, d'arts, des ſciences, de Lieux, de Pays, des grands Hommes, &c. comme dans les exemples ſuivans.

« Nous devons à Dieu, à la Sainte
» Vierge, à la Religion, l'hommage le
» plus ſincère, &c.

« Les enfans doivent apprendre de bonne
» heure l'Hiſtoire, la Géographie, la Mu-
» ſique, les langues vivantes, &c.

« Les quatre parties du monde ſont l'Eu-
» rope, l'Aſie, l'Afrique & l'Amérique.

« Alexandre, Céſar, &c. ont acquis
» moins de véritable gloire que Charle-
» magne, Saint Louis, &c.

Manière de placer le Point & la Virgule.

Le Point & la Virgule ſervent à ſéparer les différens membres d'une longue phraſe, dont le ſens complet dépend de différentes parties. En voici un exemple tiré du même diſcours de M. Fléchier ſur la mort de M. de Turenne.

« N'attendez pas, Meſſieurs, que j'ouvre

» ici une ſcène tragique, que je repréſente
» ce Grand-Homme étendu ſur ſes propres
» trophées; que je découvre ce corps pâle
» & ſanglant, auprès duquel fume encore
» la foudre qui l'a frappé; que je faſſe crier
» ſon ſang comme celui d'Abel, &c.

Autre exemple tiré du même diſcours.

« Si M. de Turenne n'avoit ſçu que
» combattre & vaincre; ſi ſa valeur & ſa
» prudence n'avoient été animées d'un eſ-
» prit de foi & de charité, je le mettrois
» au rang des Fabius & des Scipion ».

Manière de placer les deux Points.

Les deux Points marquent un ſens plus complet que le Point & la Virgule : on les met après une phraſe dont le ſens eſt achevé, mais à laquelle on ajoute encore quelque choſe pour l'éclaircir. En voici un exemple.

Madame de Sévigné raconte dans une lettre écrite à ſon gendre, la mort de M. de Turenne.

« C'eſt à vous que je m'adreſſe, mon cher
» Comte, pour vous écrire une des plus
» grandes pertes qui pût arriver en France:
» c'eſt la mort de M. de Turenne ».

Autre exemple tiré du même discours, par M. Fléchier.

« Dieu immole à sa souveraine grandeur » de grandes victimes : & frappe, quand il » lui plaît, les têtes illustres qu'il a cou- » ronnées ».

Manière de placer le Point seul.

Le Point seul se met à la fin des phrases dont le sens est complet & indépendant de toute autre phrase : en voici un exemple. C'est encore Madame de Sévigné qui écrit à son gendre la mort de M. de Turenne.

« Je suis assurée que vous serez aussi » touché & aussi désolé que nous le sommes » ici. Cette nouvelle arriva lundi à Ver- » sailles. Le Roi en a été affligé comme on » doit l'être de la perte du plus grand Ca- » pitaine, & du plus honnête-homme du » monde. Jamais un homme n'a été regretté » si sincérement. Tout Paris étoit dans le » trouble & dans l'émotion. Chacun par- » loit & s'attroupoit pour regretter ce » Héros ».

Manière de placer le Point d'Interrogation.

Le Point d'interrogation se met à la fin d'une phrase qui exprime une Interrogation. En voici un exemple tiré de l'Ode à la Fortune, par M. Rousseau.

« Fortune dont la main couronne
» Les forfaits les plus inouis,
» Du faux éclat qui t'environne,
» Serons-nous toujours éblouis ?
» Jusques à quand, trompeuse idole,
» D'un culte honteux & frivole
» Honorerons-nous tes Autels ?
» Verra-t-on toujours tes caprices
» Consacrés par les Sacrifices,
» Et par l'hommage des mortels ?

Manière de placer le point d'admiration.

Le Point d'admiration se met à la fin d'une phrase qui exprime une exclamation. En voici un exemple tiré d'une des Odes sacrées de M. Rousseau.

« O que tes œuvres sont belles !
» Grand Dieu ! quels sont tes bienfaits !
» Que ceux qui te sont fidèles,
» Sous ton joug trouvent d'attraits, &c.

Des Figures employées dans l'impression ou dans l'écriture.

L'Ortographe a admis dans notre langue des caractères particuliers consacrés à différens usages.

' L'apostrophe marque la suppression d'une voyelle. Elle se place ordinairement au-dessus de la lettre supprimée. On écrit, *l'amour*, au lieu de *le amour*; *l'amitié*, au lieu de *la amitié*.

- Le trait d'union sert à unir deux mots, qu'il faut prononcer comme s'ils n'en formoient qu'un.

Exemples : *Croit-il être instruit? Veut-il étudier? Dût-il périr? Aime-t-il l'étude?*

On met sur l'*e*, l'*i*, & l'*u*, deux points : on appelle ces voyelles *ë tréma*, *ï tréma*, *ü tréma*. On emploie ces deux points pour marquer que la voyelle sur laquelle ils sont placés forme une syllabe distincte, & que le son qu'elle doit produire ne doit pas être confondu avec celui d'une voyelle dont elle seroit précédée; ces deux points sont ainsi destinés à ôter toute équivoque. On prononce *Sa ül*; s'il n'y avoit pas de point ſur *l'u* ; on prononceroit *Saul.* On dit *ai guë*, *am bi guë*, & ſi l'*e* n'étoit pas marqué de deux points, on prononceroit les deux dernieres ſyllabes de ces mots, comme les dernieres ſyllabes de ces mots *langue, fatigue.*

ç La cédille eſt une eſpèce de petit *ç* retourné; elle ſe place ordinairement ſous le *ç*. Elle ſert à marquer qu'il faut adoucir le ſon de cette lettre devant *a*, *o*, *u*. Le *ç* marqué d'une cédille, produit à-peu-près le ſon de l'*ſ* ſuivie d'un *a*, d'un *o*, & d'un *u*. On écrit *leçon il commença*, *il prononça*, *il a conçu* ; on prononce *le ſon il commenſa*, *il prononſa*, *il a conſu*.

( ) On appelle parenthèſe deux crochets placés en regard, entre leſquels on renferme un petit nombre de paroles qui interrompent le ſens du diſcours, & qui ſont cependant néceſſaires à l'intelligence de la phraſe, comme on peut voir dans l'exemple ſuivant.

Le vainqueur de Renaud (si quelqu'un le peut être) *sera digne de moi.*

.... Depuis quelque temps, on coupe en France les phraſes par une ſuite de Points placés horiſontalement les uns après les autres. Cet uſage a pour objet de montrer à tout le monde qu'il faut faire une pause aux phrases ainsi séparées.

» On emploie encore dans l'Imprimerie de petits caractères appellés Guillemets; c'est une double virgule que l'on place au commencement de toutes les phrases & de toutes les lignes d'une citation. On trouvera dans les morceaux suivants, des exemples de la différente Ponctuation & de tous les Caractères qui servent à marquer les nuances d'un discours.

MORT D'HYPPOLITE.

THÉRAMENE, est-ce toi? qu'as-tu fait de mon fils?
Je te l'ai confié dès l'âge le plus tendre.
Mais d'où naissent les pleurs que je te vois répandre?
Que fait mon fils?

THÉRAMENE. O soins tardifs & superflus!
Inutile tendresse! Hyppolite n'est plus.

THÉSÉE. Dieux!

THÉRAMENE. J'ai vu des mortels périr le plus aimable;
Et j'ose dire encor, Seigneur, le moins coupable.

THÉSÉE. Mon fils n'est plus!
Hé quoi! quand je lui tend les bras
Les dieux impatients ont hâté son trépas!
Quel coup me l'a ravi?
Quelle foudre soudaine....

THÉRAMENE. A peine nous sortions des portes de Trézene;
Il étoit sur son char: ses gardes affligés
Imitoient son silence autour de lui rangés.
Il suivoit tout pensif le chemin de Mycenes.
Sa main sur les chevaux laissoit flotter les rênes.

Ses superbes coursiers, qu'on voyoit autrefois
Pleins d'une ardeur si noble obéir à sa voix,
L'œil morne maintenant & la tête baissée,
Sembloient se conformer à sa triste pensée.
Un effroyable cri, sorti du fonds des flots,
Des airs en ce moment a troublé le repos;
Et du sein de la terre une voix formidable
Répond en gémissant à ce cri redoutable.
Jusqu'au fond de nos cœurs notre sang s'est glacé.
Des coursiers attentifs le crin s'est hérissé,
Cependant, sur le dos de la plaine liquide,
S'éleve à gros bouillons une montagne humide:
L'onde approche, se brise, & vomit à nos yeux,
Parmi les flots d'écume, un monstre furieux.
Son front large est armé de cornes menaçantes;
Tout son corps est couvert d'écailles jaunissantes:
Indomptable taureau, dragon impétueux,
Sa croupe se recourbe en replis tortueux:
Ses longs mugissements font trembler le rivage.
Le ciel avec horreur voit ce monstre sauvage:
La terre s'en émeut, l'air en est infecté.
Le flot qui l'apporta, recule épouvanté.
Tout fuit; & sans s'armer d'un courage inutile,
Dans le temple voisin, chacun cherche un asyle.
Hyppolite lui seul digne fils d'un héros,
Arrête les coursiers, saisit ses javelots,
Pousse au monstre; &, d'un dard lancé d'une main sûre,
Il lui fait dans le flanc une large blessure.
De rage & de douleur le monstre bondissant
Vient aux pieds des chevaux tomber en mugissant,
Se roule, & leur présente une gueule enflammée,
Qui les couvre de feu, de sang & de fumée.
La frayeur les emporte; &, sourds à cette fois,
Ils ne connoissent plus ni le frein ni la voix.
En efforts impuissants leur maître se consume.
Ils rougissent le mors d'une sanglante écume.
(On dit qu'on a vu même, en ce désordre affreux,
Un dieu, qui d'aiguillons pressoit leur flanc poudreux.)
A travers les rochers la peur les précipite.
L'essieu crie & se rompt. L'intrépide Hyppolite
Voit voler en éclats tout son char fracassé,

Dans les rênes lui-même il tombe embarrassé.
Excusez ma douleur. Cette image cruelle
Sera pour moi de pleurs une source éternelle.
J'ai vu, Seigneur, j'ai vu votre malheureux fils
Traîné par les chevaux que sa main a nourris.
Il veut les rappeller, & sa voix les effraie.
Ils courent. Tout son corps n'est bientôt qu'une plaie.
De nos cris douloureux la plaine retentit.
Leur fougue impétueuse enfin se ralentit.
Ils s'arrêtent, non loin de ces tombeaux antiques,
Où des rois ses aïeux sont les froides reliques.
Je cours en soupirant, & sa garde me suit.
De son généreux sang la trace nous conduit.
Les rochers en sont teints, les ronces dégoûtantes
Portent de ses cheveux les dépouilles sanglantes.
J'arrive, je l'appelle ; & me tendant la main,
Il ouvre un œil mourant, qu'il referme soudain :
« Le ciel, dit il, m'arrache une innocente vie.
» Prends soin après ma mort de la triste Aricie.
» Cher ami, si mon père un jour désabusé
» Plaint le malheur d'un fils faussement accusé,
» Pour appaiser mon sang & mon ombre plaintive ;
» Dis-lui qu'avec douceur il traite sa captive,
» Qu'il lui rende... » A ce mot ce héros expiré
N'y laisse dans mes bras qu'un corps défiguré,
Triste objet, où des dieux triomphe la colère,
Et que méconnoîtroit l'œil même de son pere.

THESÉE. O mon fils ! cher espoir que je me suis ravi !
Inexorables dieux, qui m'avez trop servi !
A quels mortels regrets ma vie est réservée !

THÉRAMENE. La timide Aricie est alors arrivée.
Elle venoit, Seigneur, fuyant votre courroux.
A la face des dieux l'accepter pour époux.
Elle approche. Elle voit l'herbe rouge & fumante.
Elle voit (quel objet pour les yeux d'une amante !)
Hyppolite étendu sans forme & sans couleur,
Elle veut quelque temps douter de son malheur ;
Et ne connoissant plus ce héros qu'elle adore,
Elle voit Hyppolite, & le demande encore.
Mais, trop sûre à la fin qu'il est devant ses yeux,
Par un triste regard elle accuse les dieux ;

Et froide, gémissante, & presque inanimée,
Aux pieds de son amant elle tombe pâmée.
Ismene est auprès d'elle : Ismene toute en pleurs
La rappelle à la vie, ou plutôt aux douleurs.
Et moi, je suis venu détestant la lumière,
Vous dire d'un héros la volonté derniere;
Et m'acquitter, Seigneur, du malheureux emploi
Dont son cœur expirant s'est reposé sur moi.

LE MALADE ET LE CHIRURGIEN,

FABLE.

Un malade avoit un ulcère
Qui lui faisoit souffrir les plus vives douleurs.
Emplâtres de toutes couleurs
Etoient bien employés ; mais on avoit beau faire:
Ils étoient employés en vain.
Le mal alloit toujours son train :
Il fallut se résoudre à couper la chair vive.
On fait donc avertir un maître opérateur,
Fameux chirurgien, habile découpeur,
Qui retiroit les gens de la fatale rive.
Notre homme sur le champ arrive,
Tire ses instrumens, fait maint préparatif,
Et met enfin la main sur la triste victime.
D'abord elle tint bon ; mais quand on fut au vif,
Du malade aussi-tôt la colère s'anime;
Il roule des yeux furieux,
Et parmi ses transports fougueux,
Contre son bienfaiteur il vomit mille injures,
L'accable de paroles dures,
Le traite de cruel, de bourreau, d'assassin.
L'opérateur pourtant va toujours son chemin:
Met l'appareil sur la blessure,
Et donne des moyens pour achever la cure.
Tout réussit au mieux, & l'homme estropié
Dans huit jours se trouva sur pied.
Son bienfaiteur alors vint lui rendre visite.
Voici, lui dit-il, l'assassin
Qui l'autre jour sur vous osa porter la main;

Il vient subir ici la peine qu'il mérite.
Ah ! que dites-vous là, lui répondit soudain
Le malade animé par la reconnoissance ?
Ne me reprochez plus ces mots que la douleur
M'arracha par sa violence.
Je sens que je vous dois, hélas ! tout mon bonheur ;
Je sens que sans votre rigueur
J'aurois traversé l'onde noire :
Vous serez à jamais présent à ma mémoire ;
Vous vivrez toujours dans mon cœur.
« La rigueur d'un maître sévère
» Quand nous sommes enfans, nous choque & nous déplaît;
» Mais quand la raison nous éclaire,
» Nous voyons qu'elle est un bienfait. »

LE SERIN,

FABLE.

Un serin que le sort avoit fait prisonnier,
Ne pouvoit pas souffrir la cage.
En vain on lui disoit que ce doux esclavage
Le délivroit de l'épervier.
En vain pour lui plein de tendresse,
Son maître s'occupoit sans cesse
A lui faire oublier l'ennui de sa prison.
En vain il le formoit avec la serinette,
Le nourrissoit à la brochette,
Le regaloit de maint bonbon,
Lui traçoit dans un paysage,
Des arbres & des champs une fidelle image ;
Tout cela ne put rien sur l'oiseau dégoûté.
Le drôle n'en vouloit qu'à la réalité.
Car enfin, disoit-il en son petit langage ;
Cet appareil est bel & bon :
Mais de quelque ornement que l'on pare ma cage,
Elle n'est, après tout, qu'une belle prison.
La liberté, voilà ma seule passion.
Tandis que dans lui-même il parloit de la sorte,
Le maître vient le voir, & par un cas fortuit,
Après avoir garni sa cage d'un biscuit ;
Il oublie en partant d'en refermer la porte.

On juge bien que le reclus
Ne rappella point son *Argus*,
Pour lui donner avis de son inadvertance;
Mais profitant soudain de cette circonstance,
Sans tarder un moment, sans faire ses adieux,
Loin de son manoir odieux
Il s'enfuit d'une aile légère.
Le voilà donc enfin au comble de ses vœux,
Loin d'un maître à son gré, trop dur & trop sévère
Il comptoit l'insensé, dans ce nouvel état,
Jouir d'un destin plus prospère;
Mais il comptoit sans un vieux chat,
Qui sur un toit voisin étant en sentinelle,
Au moment qu'il battoit de l'aîle,
Vous le croque en guise d'un rat.
» Défions-nous de l'appas agréable
» Que nous offre la liberté.
» Souvent en terminant notre captivité,
» Elle rend notre sort encor plus déplorable. »

LES BERGERS,

FABLE.

GUILLOT crioit au loup un jour par passe temps.
Un tel cri mit l'alarme aux champs.
Tous les bergers du voisinage
Coururent au secours: Guillot se moqua d'eux;
Ils s'en retournerent honteux,
Pestant contre son badinage
Mais rira bien qui rira le dernier,
Deux jours après un loup avide de carnage,
Un véritable loup cervier,
Malgré notre berger & son chien faisoit rage,
Et se ruoit sur le troupeau.
Au loup, s'écria-t-il, au loup: tout le hameau
Rit à son tour: à d'autres, je vous prie,
Répondit-on: l'on ne nous y prend plus.
Guillot le goguenard fit des cris superflus:
On crut que c'étoit fourberie.
Un menteur n'est point écouté,
Même en disant la vérité.

INTRODUCTION A L'ÉTUDE

DE L'HISTOIRE ET DE LA GÉOGRAPHIE

OU

EXPLICATION DES TERMES

Propres à ces deux Sciences.

TERMES PROPRES A L'HISTOIRE.

L'Histoire embrasse la connoissance des événements & des faits qui se sont passés dans l'univers depuis le moment de sa création. Cette connoissance nous a été transmise par tradition ou par écrit.

Première division de l'Histoire en général.

La Tradition, autrement dite l'histoire orale ou de bouche, est le recueil des récits faits par les premiers hommes à leurs enfants de tout ce qui étoit arrivé digne de remarque pendant le cours de leur vie.

L'Histoire écrite comprend tous les faits dont la mémoire s'est conservée par l'écriture ou par quelqu'autre signe expressif & permanent.

L'Histoire en général a pour objets :

1°. Les faits considérés en eux mêmes, indépendamment de toute autre attention.

2°. Les différents degrès de certitude, qui forment plus ou moins de probabilité.

3°. L'ordre des temps ou la chronologie qui les lie, en observant entr'eux la distance précise qui les sépare.

4°. La description des lieux ou la géographie, qui assigne aux événements leur véritable place dans l'univers.

Premier objet de l'Histoire.

Les faits considérés en eux-mêmes émanent de Dieu, de l'homme ou de la nature. Emanés de Dieu, ils appartiennent à l'histoire sacrée. Œuvres des hommes, ils appartiennent à l'histoire profane. Effets de la nature, ils appartiennent à l'histoire naturelle.

L'Histoire sacrée a pour objet le rapport immédiat & direct de l'Etre suprême avec les créatures.

Cette histoire se divise en histoire ecclésiastique proprement dite, & en histoire des prophéties.

L'Histoire Ecclésiastique proprement dite

eſt celle des faits dont l'événement a précédé le récit.

L'hiſtoire des Prophèties eſt celle dont le récit a précedé & annoncé l'événement.

L'homme conſidéré dans ſes rapports avec Dieu, préſente le tableau de ſa ſoumiſſion ou de ſes infidélités aux loix de ſon Créateur; ce qui forme l'hiſtoire ou le recueil de tous les préceptes divins ou naturels, ou il retrace l'histoire de l'exactitude ou de l'oubli de l'hommage dû à la Divinité, & celle des changemens légitimes ou criminels introduits dans le culte; ce qui forme l'hiſtoire de la religion.

Dieu en divers temps a donné trois loix différentes. Ces loix ſont, la loi de nature non écrite, donnée à tous les hommes; la loi de nature écrite, donnée aux Juifs, nation par lui choiſie à l'excluſion des autres peuples; & la loi de grace également donnée au Fidèle & à l'Idolâtre, aux Juifs & aux Gentils.

La loi de nature non écrite commença à la création, & dura juſqu'au vingt-ſixième ſiècle. La loi de nature écrite fut dictée par Dieu même à Moïſe, pour remplacer la loi de nature non écrite, que la plupart des hommes avoient défigurée. La loi de grace vint suppléer à l'insuffisance de la loi de nature écrite. C'est à la naissance de Jesus-Christ, au quarantième siècle que le genre humain est redevable de ce bienfait.

De ces trois loix nâquirent trois religions; la Naturelle, la Juive & la Chrétienne. La religion naturelle, défigurée, produisit le paganisme, & Mahomet forma la sienne du mêlange absurde des trois religions.

L'Histoire Profane embrasse toutes les actions générales ou particulières des différentes sociétés humaines, leurs établissements, leurs alliances entr'elles, leurs guerres, leurs vices, leurs vertus, leurs découvertes, leurs observations, & par conséquent tous les différents progrès du génie & des arts.

L'Histoire Naturelle est celle de tous les effets de la nature considérée dans toutes ses parties, depuis les astres jusqu'aux animaux & aux végètaux.

L'Histoire Universelle est celle qui réunit les évènemens sacrés, profanes & naturels.

Second objet de l'Histoire. Les Preuves de sa certitude.

La certitude que produit l'histoire orale ou de bouche, dérive de la persuasion où l'on a été dans chaque âge que les faits dont elle nous a conservé le souvenir, avoient passé de génération en générations sans aucune altération ; la tradition qui en a perpétué la mémoire ayant été générale, constante, & remontant jusqu'au tems des événemens mêmes.

C'est par l'existence des monumens, par les actes, les titres, les piéces écrites du temps des événements, par les ouvrages des différens historiens qui ont été témoins des faits qu'ils racontent, ou qui ont travaillé sur les mémoires de ceux qui les avoient vus, que l'histoire écrite établit la certitude des faits qu'elle nous a transmis.

Troisième objet de l'Histoire. La Chronologie.

La Chronologie forme la chaîne générale des événements que l'histoire reproduit pour ainsi dire, dans l'ordre des temps où ils sont arrivés.

L'Histoire conduite par la chronologie, est la science des temps, des dates & des époques.

Le temps se partage en jours, en semaines, en mois, en années, & en siècles.

L'on appelle jour une révolution de vingt-quatre heures : une semaine en comprend ſept. Une année eſt compoſée de trois cent ſoixante-cinq jours, ou de douze mois. Cent années forment un ſiècle.

Les Grecs partageoient leurs temps hiſtoriques par Olympiades. C'étoient des eſpaces de quatre ans, qui ſe comptoient d'une célébration des jeux olympiques à l'autre.

C'eſt à l'établiſſement du cens terminé par une purification qu'on nommoit *luſtrum*, qu'on fait remonter chez les Romains l'uſage de compter par luſtres. Ce dénombrement ſe faiſoit tous les cinq ans. Un luſtre eſt une période de cinq années.

Le temps diviſé en ſiècles, en années, en mois, en ſemaines & en jours, eſt la continuité de la durée des êtres.

Les dates ſous leſquelles les événements ſont rangés, ſont les différents points de cette durée.

Les époques ſont priſes des dates de quelques événemens plus remarquables que les autres, déterminées par les Chronologiſtes.

Il y a trois ſyſtêmes de chronologie, qui étendent & reſſerent l'eſpace de temps qui s'eſt paſſé entre la création & l'année où nous vivons. Ces trois ſyſtêmes ont pris leurs noms des différents textes de l'Ecriture Sainte qu'ils ſuivent, qui ſont le texte

Hébreu, le texte Samaritain, & le texte des Septante.

La chronologie des Septante assigne au monde une durée de 7042 ans : le texte Samaritain compte 6078 ans. La chronologie du texte Hébreu que nous suivons, borne cette durée à 5773 ans.

Les temps plus ou moins éloignés donnent à l'histoire le caractère d'ancienne ou de moderne.

Seconde division de l'Histoire en général. Durée du temps qu'elle embrasse.

L'Histoire ancienne est celle des événements qui ont précédé la naissance de J. C.

L'Histoire moderne est celle qui rapporte ce qui est arrivé depuis J. C. jusqu'à ce jour.

On compte quarante siècles ou quatre mille ans, depuis la création jusqu'à la naissance du Messie, & un peu plus de dix-sept-siècles & demi depuis cet événement jusqu'à nous ; ce qui forme en tout près de cinquante huit siècles.

Troisième division de l'Histoire par ses différens âges.

L'Histoire ancienne & moderne se divise ordinairement en âges & en époques. Ces âges

âges & ces époques sont marqués par des événements fameux.

On compte sept âges du monde.

Le premier âge a commencé à la création & finit au déluge, au dix-séptième siècle.

Le second âge dure depuis le déluge universel jusqu'à la vocation d'Abraham, au vingt-unième siècle l'an 2083; pendant une suite d'un peu plus de quatre siècles ou de quatre cents vingt-sept ans.

Le troisième âge commençant à Abraham finit à Moïse au vingt-sixième siècle, ou l'an 2513; sa durée est d'un peu plus de quatre siècles, ou de quatre cents trente ans.

Le quatrième âge a commencé à la sortie des Israëlites de l'Egypte, & a fini au règne de Salomon, au trentième siècle ou l'an 3000, après une durée de près de cinq siècles ou de quatre-cents quatre-vingt sept ans.

Le cinquième âge comprenant une durée de plus de quatre siècles & demi, ou de quatre cents soixante-huit ans, commence à la consécration du premier Temple bâti en l'honneur du vrai Dieu, par Salomon, & finit au rétablissement des Juifs au trente-cinquième siècle, l'an 3468.

Le sixième âge finissant à la naissance de Jesus-Christ, au quarantième siècle, ou l'an 4000, a duré depuis la fin de la captivité des Juifs, pendant un espace de plus de cinq siecles, ou de cinq cents trente-deux années.

Le septième âge a commencé à la naissance du Messie, & dure encore.

Quatrième division de l'Histoire en dix-neuf époques.

C'est l'Histoire Sacrée qui fournit les événements dont les sept âges portent le nom, il n'en est pas de même des époques prises indistinctement dans l'Histoire Sacrée & dans l'Histoire Profane. Ces époques au nombre de dix-neuf, sont:

Première époque: la création de l'univers. Cette époque dure seize siècles & demi; elle finit au déluge, au dix-septième siècle.

Seconde époque: le déluge arrive l'an 1656, au dix-septième siècle. Cette époque dure 427 ans, & finit à la vocation d'Abraham.

Troisième époque: la vocation d'Abraham au vingt-unième siècle, l'an 2083. Cette époque dure 430 ans; elle finit à Moïse ou au temps de la loi écrite.

Quatrième époque: Moïse ou la loi écrite, au vingt-sixième siecle, l'an 2513. Cette époque finit à la priſe de Troye; elle dure 307 ans.

Cinquième époque : la ruine de Troye au vingt-neuvième ſiècle, l'an 2820. Cette époque finit à la conſtruction du Temple, & dure 180 ans.

Sixième époque : le temple de Jéruſalem, bâti au trentième ſiècle, l'an 3000. Cette époque finit à la fondation de Rome ; elle dure 250 ans.

Septième époque : Rome fondée par Romulus, au trente-troiſième ſiècle, l'an 3250. Cette époque finit à Cyrus, ou au rétabliſſement des Juifs ; elle dure 218 ans.

Huitième époque : Cyrus ou le rétabliſſement des Juifs, au trente-cinquième ſiècle, l'an 3468. Cette époque dure 180 ans ; elle finit à la naiſſance d'Alexandre.

Neuvième époque : la naiſſance d'Alexandre le Grand, au trente-ſeptième ſiècle, ou l'an 3648. Cette époque finit à la deſtruction de Carthage ; elle dure 210 ans.

Dixième époque : la deſtruction de la ville de Carthage par Scipion-Emilien, au trente-neuvième ſiècle, l'an 3858. Cette époque dure 146 ans ; elle finit à la naiſſance de Jeſus-Chriſt.

Onzième époque : la naiſſance du Meſſie,

au quarantième siècle, l'an 4000. Cette époque dure 316 ans ; elle finit à Constantin.

Douzième époque : Constantin, ou la paix rendue à l'Eglise par cet Empereur, au quarante-quatrième siècle, ou l'an 312 de l'ère vulgaire. Cette époque finit à la fondation de la monarchie Françoise; elle dure 169 ans.

Treizième époque : fondation de la monarchie Françoise par Clovis, au quarante-cinquième siècle, l'an de l'ère vulgaire 481. Cette époque finit à Charlemagne ; elle dure 319 ans

Quatorzième époque, Charlemagne, ou fondation du nouvel empire d'Occident, au quarante-huitième siècle, l'an de l'ère vulgaire 800. Cette époque dure 187 ans; elle finit à Hugues-Capet.

Quinzième époque : Hugues-Capet ; ou troisième race des Rois de France sur le trône, au cinquantième siècle, l'an de l'ère vulgaire 987. Cette époque finit à S. Louis; elle dure 283 ans.

Seizième époque : S. Louis, ou la fin des croisades, dont la dernière au cinquante-troisième siècle, ou l'an de l'ère vulgaire 1270. Cette époque finit à Henri IV ; elle dure 323 ans.

Dix-ſeptième époque : Henri IV, ou la branche des Bourbons ſur le trône de France, au cinquante-ſixième ſiècle, l'an 1589 de l'ère vulgaire. Cette époque dure 49 ans, elle finit à Louis XIV.

Dix-huitième époque : la naiſſance de Louis XIV, au cinquante-ſeptième ſiècle, l'an de l'ère vulgaire 1638. Cette époque dure 72 ans.

Dix-neuvième époque : la naiſſance de Louis XV, au cinquante-huitième ſiècle, l'an de l'ère vulgaire 1710. Cette époque a duré ſoixante-quatre ans.

Définition des différentes Eres.

Les Eſpagnols ont introduit dans la chronologie l'uſage des ères. Les ères ſont des époques déterminées par différentes Nations, & adoptées par elles pour fixer l'éloignement des faits qui ont ſuivi les événements mémorables, d'après leſquels elles ont commencé à compter leurs années.

Les ères les plus remarquables ſont la première olympiade.

L'ère de Nabonaſſar, roi de Babylone, qui a commencé à régner au trente-troiſieme ſiecle, l'an 3257.

L'ère des Seleucides, connue sous le nom

des *années des Grecs*, & adoptée par les Juifs soumis à la domination de ces peuples. Elle a commencé au trente-septième siècle, ou l'an 3692.

La première année Julienne, au quarantième siècle. Cette année commence à la réformation du calendrier par Jules-César, l'an 3959.

L'ère d'Espagne au quarantième siècle, commence à la réduction entière de cette partie de l'Europe sous la puissance des Romains, l'an 3966.

L'ère vulgaire imaginée par *Denys le Petit*, commence au quarante-unième siècle, ou l'an 4004 du monde Cette année répond à la cinquantième année de Jesus-Christ.

L'ère de Dioclétien commence au quarante-troisième siècle, ou l'an 284 de l'ère vulgaire.

L'hégire, ou la fuite de Mahomet, arrivée le 16 Juillet de l'an 622 de l'ère vulgaire. Cette ère, suivie par les Arabes, commence ou quarante-septième siècle.

Cinquième division de l'Histoire en ses différentes périodes.

Le peu d'événements que présente l'histoire des temps qui ont précédé le déluge, l'incertitude de ceux qui ſont arrivés dans les ſiècles qui l'ont ſuivi, ont fait partager l'hiſtoire en trois grandes périodes. La première, depuis la création juſqu'au déluge, remplit un eſpace de dix-ſept ſiècles & demi. La ſeconde, depuis le déluge juſqu'à la première olympiade, comprend une révolution d'environ ſeize ſiècles. La troiſième, depuis la première olympiade juſqu'à préſent, embraſſe une durée de plus de vingt-cinq ſiècles & demi.

La première période eſt preſqu'entiérement inconnue; on ne découvre rien dans les hiſtoriens de relatif à cette période, qui puiſſe préſenter un caractère de vérité, excepté dans deux ou trois écrivains cités par Joſephe, dont les récits touchant le déluge & les temps qui l'ont précédé, s'accordent à pluſieurs égards avec les écrits de Moïſe.

La ſeconde période eſt le temps héroïque ou fabuleux, ainſi nommé à cauſe des fables qui ſe trouve mêlées dans l'hiſtoire de ce temps. C'eſt dans cet intervalle qu'il faut placer l'origine des Dieux & des Héros que tous les peuples ont honorés d'un culte particulier.

La troiſième période eſt la période hiſtorique: depuis ce temps, la plupart des événements se trouvent assujettis à des dates réglées. On peut recourir aux monuments publics, consulter & comparer les témoignages des historiens contemporains, & présenter avec confiance le tableau véritable des révolutions de l'univers.

Il faut observer que cette division de l'histoire en temps historiques, fabuleux & inconnus ne peut convenir qu'à l'histoire profane, & ne pas perdre de vue que l'histoire Sainte, fondée sur la révélation, la tradition, & le témoignage constant de toute une Nation subsistante en corps, témoignage contre lequel nul des Hébreux n'a jamais réclamé, porte avec elle les marques les plus évidentes de cette vérité incontestable.

Sixième division de l'Histoire en millénaires & en siècles.

La division la plus naturelle de l'histoire, partage la durée des temps qui nous séparent de la première époque en six millénaires, composés chacun de mille ans ou de dix siècles, placés perpendiculairement les uns sur les autres. Dans cette division, les cinquante sept siècles & demi qui se sont écoulés depuis la formation du monde, sont distingués par des dénominations particulières : ces dénominations sont prises des événements les plus remarquables, des découvertes & des institutions les plus utiles à l'humanité.

Quatrième objet de l'Histoire. La Géographie.

Le secours de la Géographie est indispensablement nécessaire à l'intelligence de l'histoire ; c'est par la description des différentes parties du globe, qu'on peut acquérir une connoissance exacte & précise des événements qu'elle a rapportés.

TERMES PROPRES À LA GÉOGRAPHIE.

DANS le temps de la création, la Terre a été séparée des Eaux ; le soleil & les astres ont été placés dans le firmament, suivant les ordres de l'Arbitre de l'Univers. La considération de ces merveilles, leur description, voilà quel est l'objet de la Géographie. Elle embrasse toutes les différentes parties du globe terrestre, leur rapport avec le Ciel, & tout ce qui, sur la surface de la Terre, tire son origine de l'institution des hommes. Ainsi cette Science peut être divisée d'abord en Géographie naturelle, en Géographie astronomique, en Géographie historique.

GÉOGRAPHIE NATURELLE.

La Géographie naturelle est la deſcription ſimple de la terre & de l'eau. Elle déſigne les diviſions que ces deux éléments ont formées ſur la ſurface du globe. Elle repréſente la mer, les continents, les iſles, les iſthmes, les détroits, les fleuves, les lacs, les montagnes.

La Géographie naturelle ou la deſcription du Globe, comprend la Géographie proprement dite & l'Hydrographie.

La Géographie proprement dite, eſt la deſcription particulière de la Terre. L'Hydrographie eſt la deſcription particulière de l'Eau.

La Géographie proprement dite, admet encore une autre diviſion, lorſqu'on la conſidère par rapport à l'étendue du pays qu'elle entreprend de décrire. Embraſſe-t-elle la deſcription générale du globe, c'eſt la Géographie. S'arrête-t-elle aux détails principaux d'une partie conſidérable de la terre, on la nomme Chronologie. Marque-t-elle toutes les particularités d'une étendue de terrain de médiocre grandeur, on la diſtingue ſous la dénomination de Topographie.

Le globe terreſtre ſe partage en terre

ferme & en mers. Les plus grandes étenduet de terre environnées d'eau s'appellent Continents ou Terres fermes. La mer est ces amas immense d'eau qui environne les continents.

L'assemblage des eaux de toutes les mers s'appelle l'Océan. Le nom d'Océan, qui semble devoir être commun à toutes les mers, est appliqué particulièrement à celle qui environne l'ancien continent.

Les deux portions générales du globe, appellées Terre ferme & Mer, s'étendent réciproquement l'une dans l'autre. Toutes deux ont des limites qui les circonscrivent & les bornent. Les noms de ces circonscriptions sont différents ou opposés, quoiqu'ils aient quelques rapports entr'eux. La terre s'avance dans l'eau ; l'eau à son tour s'avance dans la terre. Il y a des parties de terre absolument environnées d'eau ; on trouve des assemblages d'eaux que la terre entoure de tous côtés.

La mer qui embrasse les continents, en pénétrant leur intérieur, forme, par le partage de ses eaux, des Mers intérieures auxquelles on donne les noms de Méditerranée, de Golfes, de Baies, d'Anses.

On appelle mer Méditerranée une portion

considérable des eaux de la mer qui sépare plusieurs régions de la terre, entre lesquelles elle se trouve resserrée. Un golfe est une portion de la mer qui s'avance dans les terres, excepté dans un endroit par où elle communique à la Mer ou à quelque autre golfe. La Baie est un diminutif du Golfe. L'Anse est un diminutif de la Baie.

La communication de ces différentes parties de la Mer se fait par des canaux que l'on appelle Détroits, à cause de leur peu d'étendue entre les terres qui les resserent. On les désigne encore par les mots de Manche, de Pas, de Canal, de Pertuis, de Bosphore, d'Euripe.

On divise la Mer en haute mer & en rivages. On appelle haute mer la partie éloignée des terres. On désigne, sous le nom de rivages, les parties de la mer qui baignent les côtes, & qui régnent le long des terres. On donne aussi communément le nom de rivages aux terres qui sont lavées par les eaux de la Mer.

Les rivages présentent ou des Ports, qui sont des portions de la Mer resserrées dans les terres, qui servent de retraite aux vaisseaux contre le mauvais temps, ou des Rades qui sont des espaces de mer peu éloignés des terres, où les vaiſſeaux peuvent mouiller & être à l'abri de certains vents, ou des Plages, qui ſont des ſurfaces d'eau de médiocre hauteur, étendues ſur un terrain uni; ou des Falaiſes, qui ſont des endroits où la Mer vient ſe briſer contre des bords eſcarpés. La Mer, en baignant les rivages, y raſſemble d'eſpace en eſpace des collines de ſable ou de cailloutage qu'on appelle Dunes.

On trouve encore ſur le globe terreſtre des amas ou des courants d'eau qui n'appartiennent point à la Mer, quoique quelques-uns s'y précipitent. On appelle Lac une étendue d'eau réunie au milieu des terres, ſans aucune iſſue & ſans aucun cours. Il ſort d'une infinité d'endroits de la terre, des ſources qui ſe raſſemblent dans leur cours & forment des canaux qu'on appelle Rivières ou Fleuves. La longueur du cours, la largeur du lit, diſtinguent les Fleuves des Rivières. Les Fleuves ſont plus conſidérables. Ces courants d'eau ſe perdent les uns dans les autres, ou vont ſe jetter dans la Mer. On appelle Embouchure le lieu où leurs eaux ſe mêlent, ſoit avec les eaux d'une Rivière, ſoit avec celles d'un Lac, ſoit avec celles de la Mer.

Les Torrents sont des espèces de lits de Rivière qui se remplissent par intervalles, des eaux provenantes des pluies ou de la fonte des neiges, & qui demeurent à sec après leur écoulement.

Les Rivières sont comme le reste de la surface de la Terre. Leurs lits ne sont pas toujours unis : il en est où il se rencontre des hauteurs. Ces inégalités suspendent le cours des eaux qu'elles rassemblent en plus grande quantité : devenues plus rapides & plus élevées par cet accroissement, elles franchissent les obstacles qui les arrêtoient, & se précipitent avec impétuosité. On appelle ces hauteurs Cataractes. Les plus connues sont celles du Nil.

Indépendamment des Rivières & des Lacs formés par la nature, il y a des amas ou des cours d'eau formés par les hommes, qu'on peut regarder comme des Rivières ou des Lacs artificiels. On nomme Canal un courant d'eau qui coule dans un lit creusé par l'industrie humaine. On nomme Etang une pièce d'eau rassemblée dans un espace de terre où l'on a pratiqué un bassin pour lui servir de réservoir.

Ainsi que la masse des eaux prend divers noms, suivant la situation de ses parties &

les différentes figures qu'elle décrit sur le Globe, la terre partagée en diverses portions par le contour des eaux qui l'embrassent, ou par sa propre configuration, est désignée par des noms qui indiquent cette différence.

On donne le nom d'Isles à toutes les parties du Globe qui s'élevent au-dessus de la surface des eaux dont elles sont exactement environnées.

On appelle Cap, Promontoire, Péninsule, toute partie de terre qui s'avance dans la Mer.

Une Péninsule, ou presqu'Isle que les Anciens appelloient Chersonnèse, est une portion de terre environnée de tous côtés, excepté en un seul endroit, par lequel elle a communication, soit avec la terre ferme, soit avec une autre presqu'isle.

Un Cap est une pointe de terre élevée qui s'avance dans la Mer : on le distingue du Promontoire, en ce qu'il est plus élevé. Il faut observer qu'on appelle pointe toute terre avancée dans la Mer, terminée par une pointe ou non.

Un Isthme est une langue de terre qui joint une presqu'isle à la terre ferme, ou à d'autres presqu'isles. On nomme Isthme généralement toute portion de terrain resserrée entre deux Mers, qui réunit deux continents.

La terre ferme comprend quatre grands Continents : l'ancien, le nouveau, les terres australes connues ou soupçonnées, & les terres arctiques, dont la configuration est encore bien moins déterminée.

Nous ne connoissons jusqu'ici que deux Continents, l'ancien & le nouveau.

On comprend sous le nom d'ancien continent, cette portion du Globe que nous habitons, & qui depuis la création a été connue en tout ou en partie. Cet ancien continent n'occupe guère que la septième partie de la surface de la terre. On le divise en trois parties ; l'Europe, l'Asie, l'Afrique. Le nouveau continent est une autre grande partie de la terre, séparée de celle que nous habitons par l'Océan. Il fut découvert au cinquante-cinquième siècle par Christophe Colomb, Génois. On lui a donné le nom d'Amérique.

L'Europe est la partie la moins étendue de celles qui composent l'ancien continent ; elle peut avoir dans sa surface trois cents cinquante-sept mille lieues quarrées, chaque lieue de trois mille pas géométriques. L'Asie est la plus considérable des trois parties de l'ancien continent ; elle a quatre fois plus d'étendue que l'Europe. Sa ſurface comprend environ douze cents vingt mille lieues quarrées.

L'Afrique contient au moins deux fois & demi l'étendue de l'Europe ; ſa ſurface eſt de huit cents ſoixante-treize mille lieues quarrées.

L'étendue de l'Amérique eſt à-peu-près égale à celle de l'Europe & de l'Aſie priſes enſemble.

Ces parties de la terre ſe diviſent en grandes & moyennes régions. Les moyennes régions ſe ſubdiviſent encore en portions plus petites qu'on appelle pays & contrées.

On diſtingue les régions en hautes & baſſes, ſuivant leurs différentes ſituations près de la Mer dont elles ſont bornées, le cours des rivières qui les traverſent, ou les montagnes qu'elles contiennent.

La terre, relativement à la Mer qui l'environne, ſe diviſe en terres intérieures & en terres maritimes ou côtes.

Les inégalités qui ſe rencontrent ſur la ſurface de la terre ſont déſignées par les noms de Montagnes, de Collines & de Plaines. On appelle Montagne toute élévation de terrain, portée jusqu'à une hauteur considérable. On donne le nom de Chaîne à la jonction de plusieurs Montagnes contiguës les unes aux autres. La terre renferme dans son sein des amas de matières combustibles; ces matières s'enflamment & s'ouvrent des passages sur la superficie du Globe. Les Montagnes où se rencontrent quelques-unes de ces ouvertures, sont désignées sous le nom de Volcans.

Les éminences de terre d'une élévation médiocre s'appellent Collines. Les Côteaux sont des diminutifs des Collines. On appelle Tertres les plus petites éminences.

On nomme Pas, Cols & Gorges, les passages qui séparent les Montagnes.

Les terrains unis, situés au pied des Montagnes, sont appellés Vallées. Les Prairies sont les fonds qui forment ces terrains. Lorsque ces fonds se trouvent situés entre des Collines dont la pente est douce, on les appelle des Vallons.

On donne le nom de Plaine généralement à tout terrain uni. On appelle Campagne une plaine d'une très-grande étendue.

On appelle Désert toute partie de terre stérile & inhabitée.

Il se trouve sur les Montagnes & dans les

Plaines des terrains entiérement couverts d'arbres : on donne généralement à ces terrains le nom de Bois. Ceux qui ſont de la plus vaſte étendue, ſont déſignés ſous celui de Forêts.

GÉOGRAPHIE ASTRONOMIQUE.

Ce Globe que nous habitons, d'une ſi vaſte étendue par rapport à nous, & qui ne forme qu'un point dans l'immenſité de l'Univers dont il fait partie, eſt ſuſpendu dans les plaines de l'air, & ſoutenu par cette même puiſſance qui maintient les loix invariables de l'équilibre de tous les corps. Sa figure eſt ſphérique, c'eſt-à-dire ronde; nous ne pouvons juger de ſa rondeur. Le court eſpace dans lequel notre vue s'étend, eſt infiniment borné en comparaiſon du reſte que nous ne voyons pas; il ne permet à nos foibles yeux d'appercevoir ce qui les frappe, que dans l'apparence d'une figure plane qui s'agrandit de plus en plus à proportion que l'on eſt plus élevé.

Comme il n'y a aucune poſition fixe d'où l'on puiſſe déterminer la ſituation abſolue des différentes parties de la ſuperficie du Globe terreſtre, on ne peut conſéquemment y prendre des dimenſions préciſes qui puiſſent aſſigner & régler leurs diſtances entre elles. Pour ſuppléer à ce défaut, on a imaginé dans le ciel divers cercles qui ſervent à le diviſer en parties déterminées, & qui donnent en même temps les poſitions fixes & néceſſaires. On s'eſt ſervi de ces mêmes cercles pour partager la terre, en les appliquant aux lieux qui paroiſſent répondre aux cercles marqués dans le ciel. La détermination de ces cercles & la conſidération des différens rapports de la terre au ciel forment l'objet de la géographie aſtronomique.

Les principaux cercles ſont l'Equateur, le Méridien, l'Horiſon, les Tropiques et les cercles Polaires.

L'Equateur eſt un cercle qui partage le Globe en deux portions égales, il eſt éloigné de quatre-vingt-dix degrés des extrêmités de la terre ou poles. On l'appelle Equateur, parce que quand le ſoleil ſe trouve dans ce cercle, il y a équinoxe par toute la terre, c'eſt-à-dire, égalité de jour & de nuit.

On appelle Poles du monde les deux extrêmités de l'axe ou de l'eſſieu ſur lequel la révolution du ciel paroît s'accomplir dans l'eſpace de vingt-quatre heures. Ces deux extrêmités ne décrivent point de cercles.

Les deux Poles sont designés par des noms différens : l'un s'appelle le Pole arctique ; nom qui lui a été donné de deux constellations sous lesquelles il se trouve situé, qui sont un assemblage de plusieurs étoiles nommées par les Grecs *Arctos* ; expression qui repond à celle d'Ourse en François. L'extrêmité de la terre opposée au Pole Arctique, se nomme le Pole Antarctique.

On a dû observer par les définitions précedentes, que l'Equateur, autrement appellé ligne Equinoxiale ou simplement Ligne, est un cercle que l'on conçoit sur la surface de la terre & qui repond à l'Equateur du ciel ; les Poles sont les deux points qui terminent les extrêmités de son axe. L'axe ou l'essieu est une ligne droite que l'on suppose traverser la terre par le centre, & aboutir aux deux surfaces opposées de sa superficie, précisement sembiabe à l'axe ou essieu qui traverse le moyeu d'une roue.

Le temps que l'on nomme midi dans chaque contrée est celui où le soleil, dans le cours de sa révolution journalière, se trouve parvenu sous le Méridien qui traverse cette contrée. Le Méridien est un cecle qui sépare le monde en deux moitiés, & que l'on conçoit passer par le pole du monde, & par le pole de l'horiſon, qu'il coupe en deux points diamétralement oppoſés ; ces deux points ſe nomment Septentrion & Midi, ou Nord & Sud. La partie du monde qui s'étend depuis l'Equateur juſqu'au Pole Arctique, ſe nomme Septentrionale ou Boréale, ou la partie du Nord ; l'autre moitié du Globe ſe nomme Méridionale ou Auſtrale, ou la partie du Sud.

L'Horiſon eſt le cercle qui ſépare la moitié du ciel viſible de l'autre moitié qui ne l'eſt pas. Il ſert à marquer le lever & le coucher des Aſtres. Le point de l'Horiſon auquel le ſoleil paroît répondre à l'inſtant de ſon lever, les jours des équinoxes, eſt ce qu'on appelle le vrai Orient. Le point du même cercle diamétralement oppoſé, ſe nomme l'Occident vrai : ces deux points forment avec le Septentrion & le Midi, les quatre points Cardinaux.

Il y a autant d'Horiſons qu'il y a de points ſur la ſuperficie du Globe terreſtre : mais il faut qu'il y ait une certaine diſtance entr'eux, pour que leur différence ſoit ſenſible.

Les Tropiques ſont deux cercles inférieurs à l'Equateur, dont ils ſont éloignés de 25 degrés, 29 minutes. Il y en a deux, celui du Cancer ou de l'Ecreviſſe, placé dans la partie Septentrionale; & celui du Capricorne, placé dans la partie Méridionale.

Les cercles Polaires ſont des cercles éloignés des Poles du monde de 23 degrés, 29 minutes, ainſi que les Tropiques le ſont de l'Equateur.

Les Tropiques & les cercles Polaires ſéparent le ciel en cinq bandes ou Zones, dont une torride, deux tempérées & deux glaciales. On nomme Zone torride ou brûlée, l'eſpace compris entre les deux Tropiques; ceux que renferment les Tropiques & les cercles Polaires s'appellent Zones tempérées. Les Zones glaciales ſont compriſes entre les cercles Polaires & les Poles.

On nomme Climat un eſpace de terre compris entre deux cercles paralleles à l'Equateur. Les climats ſe partagent en Climats d'heures & en Climats de mois. Un Climat d'heure eſt celui dont le jour eſt plus long d'une demi-heure en ſa fin que dans ſon commencement. Le Climat de mois eſt celui dont le plus grand jour eſt plus long d'un mois en ſa fin que dans ſon commencement.

La latitude eſt la diſtance qu'il y a depuis

l'Equateur à un lieu proposé ; elle est ou Septentrionale, ou Méridionale, & se compte sur le Méridien.

La longitude est la distance qu'il y a depuis le premier Méridien fixé à l'isle de Fer, la plus occidentale des isles Canaries, jusqu'à un lieu proposé. Elle se compte toujours d'Occident en Orient sur l'Equateur, ou sur un cercle parallele à l'Equateur.

GÉOGRAPHIE HISTORIQUE.

La Géographie historique est la description des lieux où se sont passés les évènemens rapportés par l'Histoire ; elle en indique la situation; elle marque les distances qui les séparent ; elle se divise en Géographie Politique, Géographie Sacrée, en Géographie Ecclesiastique.

Géographie Politique.

La Géographie politique est la description des parties de la terre distinguées par différentes limites que l'ancienne possession, les conquêtes ou les traités de paix ont assignées aux différentes nations qui les habitent. Les diverses formes de gouvernemens donnent des noms différens aux parties de la terre que décrit la Géographie politique.

On

On nomme Empire un Etat gouverné par un prince qui porte le titre d'Empereur ; Royaume, celui qui eſt ſous la domination d'un Roi ; Republique celui qui eſt gouverné par l'autorité de pluſieurs; Republique ariſtocratique, celle qui eſt régie par un certain nombre de Nobles choiſis ; Republique démocratique, celle où la puiſſance ſouveraine eſt exercée par le Peuple.

Toute Souveraineté eſt éléctive ou heréditaire. On appelle un Etat éléctif celui où tout le Peuple, ou ſeulement les Grands, choiſiſſent le Souverain. Un Etat héreditaire eſt celui où la Puiſſance ſouveraine eſt confiée aux rejettons d'une ſeule famille, qui ſe ſuccédent par droit d'hérédité ſans avoir beſoin du conſentement ou de la confirmation des ſujets, qui ſont dans l'obligation légitime de reconnoître ſon autorité.

On donne généralement le nom de Puiſſance à toute Domination, Empire, Royaume ou Republique.

Les pays dépendans de chaque Etat, ſe ſubdiviſent en Provinces & Gouvernemens commandés par un Chef qui tient ſon pouvoir du Souverain.

On donne le nom de Frontières à toutes

les extrémités des Etats, & celui de Limites à toutes les extrêmités des Provinces contenues dans ces Etats. Les Provinces limitrophes sont celles qui ont des Limites communes.

On distingue le Genre-humain en diverses sortes de Peuples, dont la manière de vivre caractérise la différence.

On nomme Peuples policés & civilisés, les Nations qui vivent sous un gouvernement, quel qu'il soit, & qui observent des loix qu'elles ont adoptées ou qu'elles se sont prescrites. On appelle Barbares ou Sauvages les Nations qui n'ont aucune forme de gouvernement. On appelle Peuples errants & vagabonds les Nations qui n'ont aucune demeure fixe, & qui parcourent en corps de certaines parties de la terre, telles que les Tartares Asiatiques & les Sauvages de l'Amérique. On nomme Peuples dispersés ceux qui, n'ayant aucune contrée qui leur soit affectée, sont répandus dans les différentes parties de la terre, & composent cependant une Nation distincte des Peuples parmi lesquels ils vivent : tels sont en Asie les Guebres ou les anciens Perses, adorateurs du feu, & sur-tout les Juifs, qui formeroient aujourd'hui une Nation très-nombreuse, s'ils étoient rassemblés de toutes les différentes parties de la terre qu'ils habitent.

Géographie Sacrée.

La Géographie Sacrée est la partie de cette science qui se borne à la description des différentes régions de la terre qui peuvent avoir quelque rapport à l'histoire sacrée des Juifs & des Chretiens.

Géographie Ecclésiastique.

La Géographie Ecclésiastique est la description du monde Chrétien, partagé en différentes jurisdictions Ecclésiastiques, telles que sont les Patriarchats, les Diocèses, Archidiaconats, &c. Cette division n'a lieu que dans la Géographie du moyen âge & dans la Géographie moderne.

La Géographie considérée comme description du Globe, se distingue suivant le temps où l'on suppose que cette description a été faite. On assigne trois âges à la Géographie. Le premier âge est celui de la Géographie ancienne; la Géographie du moyen âge lui a succédé: & la Géographie moderne a servi d'éclaircissement aux deux précédentes.

La Géographie ancienne est la description de la terre, telle que l'ont connue les hommes depuis le moment de la création, jusqu'à la décadence de l'Empire Romain.

La Géographie du moyen âge est la description actuelle de la terre, tracée depuis la décadence de l'Empire, jusqu'au renouvellement des Lettres.

La Géographie moderne est la description actuelle de la terre, depuis le renouvellement des Lettres jusqu'à présent.

AVIS AUX MAITRES.

L'Allégorie du P. Brumoi, sur l'Education, doit être la règle de la conduite des meilleurs Maîtres. Il compare le Maître d'Education à un Oiseleur, & les Enfans aux Oiseaux qu'on instruit. Il n'y a pas un trait dans toute la pièce qui ne justifie la justesse de la comparaison. Il adresse la parole à un Maître.

VOus faites apprentissage
Dans le métier d'Oiseleur ;
Ce n'est pas un badinage,
Et cet Art veut un Docteur.
Oiseaux d'espèce diverse
Vont exiger votre soin ;
Souffrez que je vous exerce,
Et vous prépare de loin.
Les Oiseaux que l'on cajole,
Négligemment & sans Art,

Pour fruit de ce ſoin frivole,
Chantent ſouvent au haſard.
Cet exercice pénible
Exige un talent heureux ;
Devenez, s'il eſt poſſible,
Oiſeau vous-même avec eux.
Connoiſſez le caractère
De vos tendres Nourriſſons ;
L'Oiſeleur qui veut bien faire,
Y conforme ſes Leçons.
Craint, ſi vous le voulez être,
Gagnez pourtant leur amour ;
Ils ſçavent trop vous connoître,
Et vous haïr à leur tour.
Par un éclatant ramage
Ne vous laiſſez point frapper ;
Qui juge par le plumage,
Eſt ſujet à ſe tromper.
Point d'injuſte préférence ;
Elle produit des jaloux,
Entr'eux nulle différence,
Ils ſont tous égaux pour vous.
Vous en verrez de volages

Fixez-les adroitement :
Vous en verrez de Sauvages,
Corrigez-les doucement.
Mais par un air trop sévère
N'aigrissez point leur humeur ;
Il faut tempérer en Père
La crainte par la douceur.
Il est une heureuse adresse
De faire goûter les Loix.
N'armez jamais de rudesse
L'air, le geste, ni la voix.
Sur l'Oiseleur, quoiqu'il fasse
Le jeune Oiseau se conduit ;
Et l'humeur du Maître passe
Dans l'Elève qu'il instruit.
Un Oiseau dans l'esclavage
Regrette sa liberté ;
Pour lui faire aimer sa cage,
Il veut être un peu flatté.
Qu'un esprit doux & sincère
Se prête à tous leurs besoins ;
Vous leur tenez lieu de mère,
Vous leur en devez les soins.

Par un trop long exercice
N'effrayez pas vos Oiseaux ;
Que votre Leçon mûrisse
Dans leurs débiles cerveaux.
La Leçon, pour être utile,
Doit leur plaire en s'apprenant ;
Et jamais un Maître habile
N'instruira qu'en badinant.
Faites-leur aimer la gloire
En des combats innocens ;
Récompensez la victoire
De leurs timides accents.
Une foible récompense
Animera leur essor ;
D'un Elève qui commence
Louez jusqu'au moindre effort.
Frustré de votre espérance,
Ne vous rebutez jamais ;
Le temps, la persévérance,
Ameneront le succès.
Peut-être plein de colère
Briserez-vous vos Pipeaux ;
Mais tel qui vous désespère,

Peut répondre à vos travaux.
  Apprenez que cette étude
Où votre eſprit s'eſt fixé,
Eſt des emplois le plus rude
Et le moins récompenſé.
  Mais du public avantage
Si votre cœur eſt épris,
Songez, Tircis, que le Sage
L'achete même à ce prix.

LES MAXIMES
DE L'HONNETE HOMME, OU DE LA SAGESSE.

CRAIGNEZ un Dieu vengeur, & tout ce qui le blesse;
C'est là le premier pas qui mène à la sagesse.

Ne plaisantez jamais ni de Dieu ni des Saints:
Laissez ce vil plaisir aux jeunes libertins.

Que votre piété soit sincère & solide:
Et qu'à tous vos discours la vérité préside.

Tenez votre parole inviolablement:
Mais ne la donnez pas inconsidérément.

Soyez officieux, complaisant, doux, affable:
Poli, d'humeur égale; & vous serez aimable.

Du pauvre qui vous doit n'augmentez point les maux;
Payez à l'ouvrier le prix de ses travaux.

Bon père, bon époux, bon maître sans foiblesse;
Honorez vos parens, sur-tout dans leur vieillesse.

Du bien qu'on vous a fait soyez reconnoissant.
Montrez-vous généreux, humain & bienfaisant.

Donnez de bonne grace: une belle manière
Ajoute un nouveau prix au présent qu'on veut faire.

Rappellez rarement un service rendu:
Le bienfait qu'on reproche, est un bienfait perdu.

Ne publiez jamais les graces que vous faites;
Il faut les mettre au rang des affaires ſecrètes.

Prêtez avec plaiſir, mais avec jugement:
S'il faut récompenſer, faites-le dignement.

Au bonheur du prochain ne portez pas envie:
N'allez point divulguer ce que l'on vous confie.

Sans être familier, ayez un air aiſé:
Ne décidez de rien qu'après l'avoir peſé.

A la religion ſoyez toujours fidèle:
On ne ſera jamais honnête homme ſans elle.

Aimez le doux plaiſir de faire des heureux;
Et ſoulagez ſur tout le pauvre vertueux.

Soyez homme d'honneur, & ne trompez perſonne:
A tous ſes ennemis un cœur noble pardonne.

Aimez à vous venger par beaucoup de bienfaits:
Parlez peu: penſez bien, & gardez vos ſecrets.

Ne vous informez pas des affaires des autres;
Sans air myſtérieux diſſimulez les vôtres.

N'ayez point de fierté: ne vous louez jamais;
Soyez humble & modeſte au milieu des ſuccès.

Surmontez les chagrins où l'eſprit s'abandonne:
Ne faites rejaillir vos peines ſur perſonne.

Supportez les humeurs & les défauts d'autrui;
Soyez des malheureux le plus ſolide appui.

Reprenez ſans aigreur, louez ſans flatterie;
Ne mépriſez perſonne, entendez raillerie.

Fuyez les libertins, les fats, & les pédans;
Choiſiſſez vos amis: voyez d'honnêtes gens.

Jamais ne parlez mal des perſonnes abſentes;
Badinez prudemment les perſonnes préſentes.

Consultez volontiers : évitez les procès ;
Où la discorde regne, apportez-y la paix.

Avec les inconnus usez de défiance ;
Avec vos amis même ayez de la prudence.

Point de folles amours, ni de vin, ni de jeux :
Ce sont là trois écueils en naufrages fameux.

Sobre pour le travail, le sommeil & la table ;
Vous aurez l'esprit libre & la santé durable.

Jouez pour le plaisir, & perdez noblement ;
Sans prodigalité dépensez prudemment.

Ne perdez point le temps à des choses frivoles ;
Le sage est ménager du temps & des paroles.

Sachez à vos devoirs immoler vos plaisirs ;
Et pour vous rendre heureux modérez vos desirs.

Ne demandez à Dieu ni grandeur ni richesse ;
Mais pour vous gouverner demandez la sagesse.

FIN.

www.ingramcontent.com/pod-product-compliance
Lightning Source LLC
LaVergne TN
LVHW010559110826
845149LV00003B/703

9782019581763